U0514126

从声音到文字，分享人类智慧

教子也烦恼

左宗棠的23封家书

徐志频 —— 著

天地出版社
TIANDI PRESS

序

父亲长期忙碌或离家，如何补救家庭教育的缺失？

关于父母扮演的家庭角色，中国古代有个词概括得比较恰当，即"严父慈母"，也就是父亲严厉，母亲慈祥。严与慈，刚柔相济，这样孩子长大后便容易人格健全。如果父母同时严厉，孩子性格则容易过刚；如果父母同时慈爱，孩子性格则容易过柔：这两种做法都有偏失。

父爱跟母爱，任何一方缺失，都不利于孩子的心理成长。现今跟古代比，家庭结构发生了巨大的变化。古代，父母和孩子绝大多数是终生生活在一起的。现今社会人口流动大，父母在同一家单位工作的很少，不在同一个城市生活的却不少，等等。这导致父爱或母爱的缺失成为常见的现象。

今天很多家庭面临这些问题，同时引出了一个有争论的名词——"丧偶式育儿"。尤其是父亲因长期忙碌无法顾及孩子，加上很多母亲溺爱孩子，导致家庭教育遇到很大的难题。

事实上，古代社会虽然人口流动不大，但官员、商人等为了工作、事业，也不乏父母两地居住的情况。他们对子女教育的一些做法，对今天的我们很有参考价值。

左宗棠便是如此。从1852年做湖南巡抚的幕僚到1885年在福州去世，33年时间，他只有两三次跟家人短暂团聚的机会。左宗棠第一次离家做官时，长子孝威才6岁。

既然不能跟妻子、儿女经常生活在一起，那么左宗棠用了什么办法，不但能让四个儿子、四个女儿接受良好的教育，而且能使他们时时刻刻感受到被父爱包围的浓浓深情呢？

在孩子们童年、少年、青年三个不同阶段，左宗棠采取了不同的方法。

下面，我们就这三个不同阶段的方法，通过故事的方式做介绍。

一、儿童阶段：左宗棠给孩子们制订了一份"读书守则"

左宗棠本人从小接受的是儒家的"通识教育"。什么是"通识教育"呢？就是将文化、历史、哲学全部打通来读，地理学等这类学问，他也全部通读，也就是文理兼容。这种将文科和理科融于一体的学问，让左宗棠成为了"全才"。1852年，40岁的左宗棠离开老家湘阴，住到70公里远的省城长沙，他是如何用父爱影响孩子、教导孩子的呢？他亲手用毛笔书写了一份"读书守则"。

这份教导孩子们的"读书守则"，从做人、读书两个方面，给孩子们提了具体的建议：

（1）做人的道理全部在"四书五经"里。左宗棠说，"四书五经"中有圣贤教人做人的道理。比如，怎么孝敬父母，怎么听哥哥的话，怎么对待弟弟，怎么跟朋友交往，以及怎么搞家庭卫生，怎么接待客人。孩子们能照着书中说的去做，就是好孩子；孩子们能够听父母的话，就是孝顺的孩子。

（2）读书的方法全在父亲多年总结的经验跟心得里。左宗棠说，第一，要早睡早起。第二，读书要三到：首先，要眼到，一笔一画莫看错；其次，要口到，一个字一个字念清楚，不能含糊；最后，要心到，边读边想，一个字不懂都不能放过，直到翻字典搞明白。

儿童天性好奇，易忘事。针对儿童的这一特点，左宗棠要妻子周诒端将这份"读书守则"贴在儿子学堂的墙壁上。这样，儿子每天上课前，先将守则念一遍，以加深印象、端正内心，以免被玩心牵走了鼻子。

40岁这年，左宗棠的长女孝瑜已经19岁了，左宗棠做外公已经几年了；但长子孝威才6岁，左宗棠对儿子的爱隐晦而深情。

1860年春，左宗棠身陷"樊燮事件"，差点被皇帝杀头。他准备前往北京参加会考，半路被胡林翼拦截，将其送到曾国藩在安徽宿松的军营里。在这里，他与曾国藩畅谈如何拯救国家、平定天下。但23天后，家人来信说孝威咳嗽病复发，病情不轻。左宗棠心急如焚，第二天一早，就赶紧从安徽往湖南赶。

湖北巡抚胡林翼在给湘军名将李续宜的信中记录了左宗棠

回家看望儿子这件事。胡林翼说："惟其长子病重，饭牛之奇才，有舐犊之私爱，恐不免稍误时刻。"意思是说，左宗棠的长子孝威咳嗽病复发，病得很重，左宗棠在安徽宿松大营得到消息后心急如焚，第二天一早便骑马赶回湖南湘阴老家看望儿子，就像一头老牛舔一头初生的小牛犊那样情深，所以会耽误一些时间。

我们知道，孩子虽然还不懂得一些人生大道理，但他们的直觉感受事实上与成年人是一样的。左宗棠不远千里回家探望的爱子之心，让14岁的孝威真切地感受到了父爱。在教子的观念、方法上有"读书守则"，在爱子的行动上有"舐犊之私爱"，左宗棠这种父爱，胜过一切空洞的言语，让儿子终生不忘。

14岁以后，孩子们开始懂事了。不在他们身边的左宗棠，又怎么教育他们，让他们感受到拳拳深情的父爱呢？

二、少年阶段：左宗棠写信引导孩子的观念，当面教给方法

孝威16岁那年，左宗棠安排孝威跟着在老家湘阴白水洞的左宗棠二哥左宗植读书。左宗植当年是湖南乡试的第一名，学问大，观念新。孝威的进步可以想见，湖南省级优秀学生前三名非他莫属。

白水洞是一个环境堪比桂林山水的好地方。对成年人来说，这固然是人间仙境；但对少年来说，因为没有娱乐活动，又长

年累月地读书，难免有点枯燥乏味。

孝威有一般少年都有的天性——贪玩。无聊时，他会带领一帮同学去爬山。山上除了风景没有什么好玩的，孝威便跟同学们玩跳高比赛的游戏。有一次，他从一个一丈多高的山坡上跳了下去，同学们为他的胆识和魄力喝彩、点赞，但从山坡上跳下去的孝威却痛得龇牙咧嘴，因为他摔伤了腿。

左宗植在家乡教侄子读书教伤了腿，这个责任可不轻。他赶紧写信将此事告诉在前线指挥作战的左宗棠。左宗棠爱儿子胜过自己的生命，读后吓了一大跳。晚上一想，他真是又气又急。但儿子大了，自己又不在他身边，现在儿子犯了错，还能怎样？只能教育他下次绝对不能再犯这种低级错误。于是他便提起毛笔写信。在信中他跟儿子说：你已经16岁了，怎么还犯这种儿童才犯的错？注意啊，你的身体是父母给的，你没有权利损坏它。不伤害自己的身体，才是对父母最大的孝顺。这些道理，古书上写得清清楚楚，你要对照着做。

左宗棠这种融情入理的批评，让孝威意识到自己的问题，从此以后他再没有犯过同类的错误。一年后，他先后参加长沙的府试与湖南的乡试，相继考取了秀才与举人。17岁的孝威中举，相当于考取了今天的硕士研究生，他不但是左氏家族里有史以来最年轻的举人，也是湖南有史以来最年轻的举人。

1864年，左宗棠收复了浙江省，即将回福州闽浙总督府时，他派了一个警卫连去湖南湘阴老家接全家10余口人来团聚。18岁的孝威还没有举行冠礼，因为两年后才算成年人，但左宗棠开始有意识地锻炼他，让他打理安排全家老小的全部事务。孝威带着母亲、三个弟弟、四个姐姐，以及左宗棠的小妾穿越太平军的防区，前来与父亲团聚。

18岁的男孩开始承担起家长的责任，其压力可想而知。左宗棠正是通过这种方式，让儿子快速地告别少年轻狂，树立责任心，培养出担当精神。孝威不负父亲厚望，如愿完成了任务。1865年，左宗棠全家终于平安住进福州的闽浙总督府，一家人其乐融融。

这次与儿子见面，分别已过5年。左宗棠看见儿子长得比自己还高，同时儿子的身体与思想开始走向成熟，他心里的快乐，可能比后来拜相封侯还高兴。

左宗棠高兴归高兴，该教育儿子的还得教育。他派部下去查儿子沿途经历的人和事，不巧找出问题来了。原来，一行人沿途到江西小住那段日子，江西某位县长负责接待他们，由于政府没有这笔接待费，那位县长便自掏腰包，花了200多两银子。这在当时可不是一笔小数目，而孝威居然不知情，自然也没有告诉父亲。左宗棠得知后，赶紧从工资里拿钱给了那位县长。他责备儿子道，做人不能只图自己方便，要经常想想别人的难处，不能让人家吃了暗亏，自己还不知道；人长大了，要懂人情世故，不能做一问三不知的马大哈。

这次见面，左宗棠还指出儿子的一个错误，那就是孝威给福建巡抚徐树人（徐宗干，字树人）写信时，用的是草书，而且还有几个错别字。古代规矩：给长辈写信，应该用楷书，写后要检查，不能有错别字。

　　孝威16岁那年便结婚了，很快他自己也做了父亲，50岁的左宗棠已经是"准爷爷"。儿子步入青年阶段后，左宗棠又根据儿子的特点，将教育方法适时做了调整。

三、青年阶段：左宗棠不规定怎么做，只说什么不能做

　　左宗棠的四子孝同生于1857年，到1877年也20岁了。左宗棠所有的儿子都已成年，进入到青年阶段，此时他们不但反叛意识强，而且主观意识也远超少年儿童。

　　左宗棠是一位大学问家，也是一位事业成功人士。他的人生经验与学问修养，让他有足够的储备，给儿子们正确的指导。但指导成年人的方法，跟教育儿童、少年大不相同。

　　如果说，在儿子们的儿童阶段，左宗棠侧重用"守则"一类的规定去引导与教化他们；到了儿子们的少年阶段，他则采用言传、身教相结合的方法，这样既有观念指导，也有方法参考；而到了儿子们的青年阶段，他已完全放手让儿子们自主安排事情，从不规定应该做什么、怎么做，只是在儿子们犯了错误之后，告诉他们不能那样做，以及为什么不能那样做。

　　1877年，常年待在老家的三子孝勋，抱着"世界这么大，我想去看看"的心理，借着去浙江给人祝寿的名义，带着妻子去杭州旅游。

左宗棠在甘肃肃州军营里得知此事后很生气，因为儿子去杭州之前并没有将这一计划告诉他，更没有得到他的批准同意。按照古人的礼制，这是对父亲不敬。何况，左宗棠看出了孝勋的小心思，他是想借祝寿去旅游。在战争年代，花钱暂且不说，人还有生命危险。为了一时旅游的快乐冒这么大风险，值得吗？左宗棠去信指出儿子的错误，对他的言行及时纠正。

左宗棠晚年对儿孙辈的教育，最看重的是自由。他根据自己多年的经验总结得出：小时候孩子被父母管得死死的，什么都没有玩过，那么他长大后可能要补童年的"课"，犯起事来更让人心惊肉跳。

左宗棠的长女左孝瑜是一个"能干婆"。她处处以父亲为榜样，也教育她的孩子以外公为榜样。刚嫁到安化陶家那段时间，她天天望夫成龙；等孩子们长大后，又天天望子成龙。

左宗棠得知后，马上写信告诉她：女儿啊，你要注意对孩子们实行自由教育，严管的老办法在今天已经行不通了。

从1852年到1883年，31年时间里，左宗棠给八个子女们共写了163封家书，其中，真正集中笔墨来教育子女的书信，仅有23封。凭着这23封书信的教育，加上母亲的教育，四个儿子都出息成人，四个女儿全知书达理。不说长子孝威在左宗植的教育及左宗棠的书信指点下，17岁便考中举人，成了湖南罕见的"少年天才"，四子孝同仅被晚年的左宗棠带在身边教导数年，在左宗棠身后便凭借个人本领做到了江苏提法使。古代的官员晋升多依靠学问，显然左孝同颇得父亲学问的精髓。

　　如此说来，这23封教子书信称得上字字珠玑，是精华中的精华，可作历代家书的典范。本书收录了这23封教子书信，对每封书信都进行了详细的解读。这样，读者在"读书"之余，还能思考如何"用书"。

　　在讲述左宗棠如何教子读书、做人，用书、处世之前，我们先来看左宗棠本人的家庭、婚姻、读书、交友的情况。这样不但能帮助我们看清左宗棠教子观念与方法的源与流，明白前因后果，而且能通过生动鲜活的故事，立体全面地看清一位伟大父亲的人性与温情。

　　左宗棠以自己的亲身经历告诉我们：即使父亲不在子女身边，通过言传同样可以做到父爱不缺席，教育不缺位。

目录

第三辑　左宗棠教子：做人九道

第四辑 左宗棠教子：处世八术

第一辑

家庭里的左宗棠

从"问题少年"到"中兴名臣"，
每个孩子都可以成为"左宗棠"

这个人是一位千年一见的人，正因为他140多年前收复新疆，才奠定了今日中国版图西北部分的形状。

和他打交道的都有谁呢？光绪皇帝、慈禧太后、恭亲王、曾国藩、李鸿章、林则徐等，都是晚清的风云人物。

这样的一位大人物，谁能想到，他少年时期性格偏激、倔强、喜欢自我炫耀，是一位让家长头疼的"问题少年"。

他长大后接连遭遇挫折，比如连婚都结不起，三次去北京考试都落榜了，直到40岁才正式入仕。

更让人意外的是，50岁那年，他突然成了"火箭干部"，晋升封疆大吏，66岁被封二等恪靖侯，真正拜相封侯，从"草根男"逆袭为"晚清第一能人"。

2000年，美国《新闻周刊》评选"一千年来全球40位智慧名人"，他是入选的三位中国人之一。

他就是左宗棠。

一、出身平凡的"问题少年"

左宗棠出生于湖南省长沙府湘阴县左家塅。左家连续七代都出了秀才。他的父亲左观澜是一个乡间小秀才，除了教书，不会干别的。他的母亲余氏是一个十分普通的家庭主妇，协助丈夫打点家庭事务。左宗棠有两个哥哥，三个姐姐。

八口之家，全靠他父亲教书和祖田租种的收入来维持。家里已经穷到读不起书，幸亏父亲是教书先生，左宗棠可以免费跟着学。

童年的贫苦经历刺激到了左宗棠的自尊心，使得长大后的他自尊心特别强，待人处世表现得很倔强，久而久之，造成他"喜欢说大话、说过头话"的性格。《清史稿》的说法叫"喜为壮语惊众"，也就是"语不惊人死不休"。

左宗棠5岁那年，他父亲以数小鱼的方式来确定谁可以跟他念书，结果鱼数完了，还没有念到左宗棠。他偷偷听到了，等父亲离开后，他把父亲鱼缸里的小鱼全部弄死了。因为他觉得父亲小看了他，就以这种极端的方式来证明自己长大了。

左宗棠9岁那年已经能写出800字比较好的文章了。别人因此都对他刮目相看，很多人也夸赞他，可他还是觉得别人的夸赞不够。他故意将一篇文章拿出来，站到讲台上说："哇，谁的文章？怎么写得这么好！"同学们大吃一惊，纷纷围上去抢着看，看完后纷纷点赞、夸奖，左宗棠这才不紧不慢地宣布文章的作者就是他本人。

按说，像左宗棠这样性格偏激、倔强、自尊心过于强烈的顽皮儿童是很难交到朋友的，更别提长大后聚集一帮人帮自己干成一番惊天动地的事业了。

那么，究竟是什么改变了左宗棠，让他纠正了自身的问题，并走向成功人生道路的呢？

二、因材施教，贺熙龄教育出了"晚清第一能人"

原来，左宗棠19岁的时候到长沙求学，遇到了改变他人生命运的老师贺熙龄。

贺熙龄老师是一代名师，他的兄长贺长龄是云贵总督，兄弟俩开湖南实用学问的风气之先。贺熙龄的水平可以说是全省第一。他一眼看出了左宗棠的问题，明白左宗棠的偏激、倔强是把双刃剑。

通常这种性格的孩子，优缺点都很明显。其优点是做事有激情、有冲劲，敢作敢当；其缺点是唯我独尊，认死理，破坏性强，伤害了别人还不自知。

贺熙龄并没有按照一般人的思维惯性否定左宗棠，打击他，更没有当面批评他，指责他，惩罚他，而是对症下药，通过委婉、文雅的方式，给他开出了医治性格过于偏激的良方："涵养需用敬"。

什么意思呢？就是说一个人要有内涵与修养，只要做到一个"敬"字就可以了：尊敬长辈，孝敬父母，敬重文化，敬畏自己所不知道的一切。

具体怎么做呢？

第一点：尊敬长辈。在年龄、辈分比自己大的人面前，必须保持该有的礼貌，即使不认同这个人，但晚辈该有的礼节不能丢。有的家长往往忽略这一点，觉得没有必要，但孩子终归要走向社会，开始待人接物，掌握起码的礼仪不仅可以帮孩子迅速融入人际关系，还可以使他们更受欢迎。

第二点：孝敬父母。其核心是对父母保持内心的敬意，不能将父母看成自己的同辈。在古代，子女出门，必须做到"出必告，返必面"。意思是，出门时必须跟父母打招呼，告诉自己要去哪里；回到家第一件事，先跟父母见面，报告自己回来了。通过这一行为，强化子女内心的敬意。

第三点：敬重文化。能够了解文化对于生命的意义；在公共场合，不能大声喧哗；对文化产品，即使废弃不用，也要让它有一个庄重的归宿，不能随便乱扔。

第四点：敬畏自己不知道的一切。对自己不知道的东西，不随便发表自己的观点，如果非要说，一定要有根据，不能想到就说，信口开河。

以上四点，说来容易，但真正做起来难，还需要家长和孩子一起努力。

　　建议可采取的做法是，鼓励孩子每天写日记，没做到的地方，通过日记可以看出来并反省，第二天对照改正。这样坚持下来，孩子会有意想不到的进步。

三、每个孩子都可以成为"左宗棠"

　　有的孩子不愿改正缺点，那是因为他没有看到自己的缺点，或者他以为那不是缺点。真正看到自己性格缺点的孩子，一旦自己醒悟过来，改正起来比谁的决心都大，效果比父母天天督促要明显。

　　左宗棠便是如此。他意识到改正缺点的必要性后，就把"涵养需用敬"五字药方写下来，带在身上，时刻提醒自己。

　　这是左宗棠从一个"问题少年"通过实践磨炼成长为"中兴名臣"的起点，也是打好"童子功"最为关键的第一步。

　　左宗棠25岁那年，在醴陵渌江书院做主讲，亲自教授学生。他延续了老师贺熙龄的方法，在写给妻子周诒端的信中曾说："近来，同学们互相勉励，个个发奋用功，并不嫌我的规定过严、过苦，整个校园气象为之一新。我不但用这些规定对照学生检查，自己也每天自我检查，没有一处放任自流。古人说教学相长，看来还真是这个道理呢。"

　　可见，直到25岁，左宗棠在教学生的同时，还不忘用"涵养需用敬"提升自我。

俗话说，人生就是修行。学习是每个人终生的事业。左宗棠凭借"涵养需用敬"，充实了内心，规范了言行，促使整个人脱胎换骨。

1860年创办楚军时，刘典、杨昌濬、蒋益澧等能力超凡的人，都被他可敬的道德品格和可亲的人格魅力所感召，聚集到了他的旗下。

这些人跟着左宗棠建功立业，后来都能独当一面：刘典做了陕西巡抚，杨昌濬做了浙江巡抚，蒋益澧做了广东巡抚。

左宗棠晚年总结自己一生的经验心得时，用一副对联做了高度概括："**立品当如山有岳，持身要比玉无瑕。**"意思是说，做人应该像三山五岳一样，品行端正；持身于社会，应该尽量做到像玉一样没有瑕污。

做事先做人，这样优秀的人，一旦选定某项事业做下去，不可能不成功。

"上门女婿"左宗棠教科书式的"幸福婚姻"

如果评比中国历史上最牛的"上门女婿",你觉得谁可以上榜?我觉得"上门女婿"第一人自然非左宗棠莫属。

他的婚姻起点非常低。到底有多低呢?低到超乎我们的想象。

20岁那年,左宗棠将父亲遗下的15亩田产,全部赠送给了大哥的儿子左世延。自己除了几箱子书、几包衣服,一无所有,真正"身无半亩",就剩一个"光人"。

这年,左宗棠到湘潭周家做了上门女婿。

左宗棠潜心学习、参加考试,遇事与妻子商量解决,对岳父整个家族的人事无巨细地照顾,主动分忧。因此他赢得了湘潭周家从上到下几百人的一致赞扬。短短一两年时间,他便获得了妻子、丈母娘和整个家族的认可,并担起了"事实家长"的职责。

在清朝传统婚姻的时代里,他最终获得了美满的婚姻生活,与妻子周诒端被时人称为"清朝第一模范夫妻"。

"上门女婿"居然成了"乘龙快婿"。左宗棠的家人和顺、家庭和谐,其夫妻关系比同时代的曾国藩、胡林翼要美满得多。那么,这其中究竟隐藏着哪些不为人知的秘密呢?

接下来，我们根据正史并参照当地的民间传说来破解其中的秘密。

一、"草根男"如何升级为"金龟婿"？

左宗棠20岁时，他的父母已经相继亡故，大哥也已去世，三个姐姐出嫁。原本热闹的大家庭，只剩下他跟二哥左宗植，悲欢离合，简直像做梦一样。

父亲去世后，左宗棠跟二哥还欠下了200多两银子的借款。

在古代，男子结婚的平均年龄在15岁左右。而左宗棠到了20岁，依旧家贫无居，连自己都没法养活，更别提会有姑娘愿意嫁给他了。

幸好，父亲左观澜与岳父周衡在曾是长沙岳麓书院的同学，两人在左宗棠童年时代已为他订下婚约。从岳麓书院毕业后，周衡在做了内阁学士兼户部侍郎，这相当于一个"正部级"的显赫高官，而左观澜只是乡下寂寂无名的一个教书匠，两家已经门不当、户不对，但都是门庭清白的读书人家庭。

古人最看重的是家风。

等到真正谈婚论嫁时，左宗棠的父亲与岳父都已经去世。古人的规矩，两家一旦订下婚约，不能更改。这条规矩帮了左宗棠。周诒端因左宗棠家贫而无法嫁过去，但她仍在周家耐心等左宗棠，直接等成了20岁的大龄青年。

20岁已经超过古人一般结婚年龄四五岁了，无论条件多差，都必须举办婚礼了。否则社会舆论会将这件事情当谣言一样传播，惹人笑话。大左宗棠8岁的二哥左宗植行使"长兄如父"的权力，代三弟去周家商议这桩看似难以完成的婚事。

左家既然无以为居，将富家千金娶进家门后住到哪里呢？总不能要面子不顾里子，随便搭个茅棚住进去吧？两家人反复商量后，左宗植最终同意左宗棠岳母王慈云老人的建议，让三弟先去岳父家寄居成家。

左宗棠后来对这段历史的说法是："余兄中书君以赠光禄公遗命，聘为余室，盖议婚有年矣。"意思是说，夫妻双方的父母在他们儿时就已经订婚了，二哥左宗植是在执行父亲的遗命。

谁能想到，这个遗命直接改变了左宗棠后来的命运。

20岁前，左宗棠可以说是在苦水中泡大的。他母亲没有奶水，左宗棠婴儿时只能喝米汤；15岁那年，左宗棠的母亲突然生病，他的父亲砸锅卖铁筹钱给他的母亲治病，却连一两人参都买不起；19岁那年，左宗棠孤身一人去长沙城南书院读书，身无分文，全靠奖学金做学费，才得以完成学业。求学期间，他几乎没有吃过一顿饱饭。上门之后，他不但衣食无忧，考试也顺利了。来后不到一个月，他便第一次接到科场喜报，高中湖南省举人正榜第十八名。

左宗棠的岳父已去世，周家名义上的主事人是岳母王慈云。多亏这个开明、心善的岳母，她不但将桂在堂西屋空出10多间房子供左宗棠安家，还给了女儿一大笔嫁妆。

此后左宗棠的经济条件大为改善，其精神面貌也焕然一新。他一夜之间从"草根男"升级为"金龟婿"。

正在如此顺心之际，左宗棠却遇到了铺天盖地的"板砖"。

这究竟是因为什么呢？

二、左宗棠如何在短时间内赢得丈母娘、妻子甚至其整个家族的认可？

事情还得从湘潭周家的家境与所处的环境说起。

左宗棠的岳父周衡在曾做过户部侍郎，相当于今天的财政部副部长。周家有几千亩田，200多间房屋，是方圆几十里唯一的大户人家。他的女儿周诒端不但端庄漂亮，而且是湖南著名的女诗人。想上门提亲的人都能踏破门槛。

桂在堂在湘潭隐山脚下，那里是一块山林中少见的平地，成片的稻田被开发出来，用以养活周家整个家族的人。而周围的山地里都是小片稻田，住的都是比较贫穷的人。他们即使不能到周家来攀亲带故打点秋风，至少都希望有机会来揩点油。

本地的才子们眼睁睁地看着周诒端被左宗棠娶了，他们的富贵梦破产了。而且左宗棠的家境比他们还差，当时又不是什么名人，凭什么让肥水流了外人田？羡慕嫉妒恨的人数不胜数，他们没办法拆散这对夫妻，就编了一首歌，专门嘲笑左宗棠："桂在堂，讨个郎，吃掉一仓谷，睡烂两张床。"隔了一百多年我们似乎还可以听见，左宗棠当年是如何被他们笑话的。

左宗棠进周家寄居安家时，周诒端的两个弟弟还小。20岁的左宗棠被苦日子锻炼出了强烈的责任心，便主动承担起了处理周家对外事务的责任，担当起了周家事实上的家长，其中包括教两个小舅子读书。

不久，妻妹周诒蘩也招了张声玠做上门女婿。周家家大业大，房子也多，这样左宗棠也正好有个齐家帮手。张声玠跟左宗棠一样，也是一个有真才实学的举人。这对连襟，平时经常在一起喝酒，交流学问，也刚好免了左宗棠"独学而无友"的寂寞。

作为大女婿、周家的主事人，左宗棠并没有躺在岳父创下的家业功劳簿上吃香喝辣睡懒觉，而是抓紧时间学习，三次进京考试，其间还应湖南巡抚吴荣光的邀请，去醴陵渌江书院做主讲。

左宗棠对家庭敢于担当的责任心与本人积极上进的进取心，感动了丈母娘。俗话说，丈母娘看女婿，越看越有趣。慈云老人要左宗棠改口叫自己母亲，将他当亲儿子看。周诒端接连生了两个女儿后，慈云老人便亲自做主，将丫鬟张茹许给左宗棠做妾。后来张茹接连给左宗棠生了三个儿子。

虽然寄居有了家，左宗棠不用再为生活问题操心，但钱财也并不是想花就花，因为富贵人家的亲戚多，开销大。加上左宗棠老家的亲戚向他求助的也多，大家在左宗棠兄弟俩中举后摆酒送了大人情，如今希望能够得到一点儿人情回报，但左宗棠仍不宽裕。

第一次会试时，左宗棠准备了300多两银子做路费，却碰上一个穷苦的亲戚向他求助。左宗棠被他说得感动了，将银子全送给了他，也不管自己没钱了。周诒端得知此事后，也觉得应该帮助亲戚。于是她忍痛割爱卖掉了自己的一件首饰，将银子送给丈夫，作为进京赶考的路费。

如果周诒端是个小气的人，夫妻俩难免会因为此事吵架。古人说，知书达理。周诒端饱读诗书，帮助穷苦人的想法跟丈夫高度一致。

即使这样，夫妻俩此时距离做成白头到老的"清朝第一模范夫妻"，还是有很远的距离的。

这对鱼水合欢、夫唱妇随的"模范夫妻"，到底是怎样修炼而成的呢？我们继续回到他们当年的故事，探寻其中的秘密。

三、"清朝第一模范夫妻"白头到老的秘诀

左宗棠跟周诒端结婚当晚是两人第一次见面，因为他们没有婚前恋爱，所以没有任何感情基础。但夫妻俩婚后培养出来的感情，却照样像酿的一杯醇酒一样，越久越香。

这到底是怎么回事呢？我通过研究发现，主要有三个方面的原因：

首先，得益于两人同甘共苦的经历。周诒端为支持丈夫考

取功名，卖掉首饰作为丈夫进京考试的路费。

其次，周诒端在丈夫会试失利，年近30岁还一事无成时，没有埋怨或指责丈夫不如他人，反而写诗来安慰他、鼓励他：

> 小网轻舠系绿烟，潇湘暮景个中传。
> 君如乡梦依稀候，应喜家山在眼前。

这首诗的意思是说，丈夫能够努力齐家，发奋读书，这已经不错了，为什么非得要醉心做大官、赚大钱呢？在湖南湘潭享受青山绿水的田园生活，也很不错呀！你就将这里当作你永远的家吧。

左宗棠原本的积极进取与三次会试落榜的失意，像炭火与冰块同时入心。对自尊心强的人，"响鼓不用重锤敲"。埋怨、指责往往适得其反。妻子以柔化刚，让左宗棠没有了压力。左宗棠这么聪明的人，自然领会得到妻子的良苦用心，明白对妻子的感激之情，要用一生去报答她。

最后，三观相合，志趣相投。左宗棠虽然家境贫寒，但他是文化人，有社会身份、地位，夫妻俩以吟诗作对为共同话题来加深感情。"射覆""打诗钟"是夫妻俩最爱玩的文化游戏。

"射覆"本是中国古代民间根据占卜原理发明的猜物游戏，就是用碗覆盖一样东西，让人猜。文化人将这一原理借用过来，用来猜古诗、古文。"打诗钟"则是中国古代文人的一种限时吟诗的文字游戏。这两种游戏类似今天《中国诗词大会》里的"飞花令"，只是难度还要高出很多倍。如果对传统古籍、诗词不能烂熟于心，做到信手拈来，游戏便很难进行。

左宗棠在周家不但担当起了周家一切大事，也完全尽到了小家庭的责任。周诒端虽然有才华，但也甘居幕后，承担起相夫教子的责任，帮助丈夫教育好八个子女。左宗棠后人兴旺发达，也多亏了周诒端的教育。胡林翼来左宗棠家做客时，非常敬重周诒端，评价她是"闺中圣人"，是大清朝全国妇女界的第一榜样。

俗话说，一日夫妻百日恩，百日夫妻似海深。左宗棠对妻子的感情有多深呢？

周诒端从小生在富贵家庭，身体多病，1870年便去世了。左宗棠在甘肃平凉军营读信得知周诒端去世后，仰天痛哭。他含泪写信，要儿子在妻子的墓穴旁留一个穴位给自己，以待将来合葬。

作为总督陕甘的封疆大吏，左宗棠从繁忙军务中抽身，亲笔给妻子写好墓志铭："珍禽双飞失其俪，绕树悲鸣凄以厉。"意思是说，凤凰原本是一体的鸟，凰失去了凤，围绕着树发出凄凉、哀痛欲绝的叫声，久久不愿离去。这般深情而悲凄的文字，百年后读之仍催人泪下。

上门女婿穷书生左宗棠与富家千金周诒端这样的结合，原本最容易导致夫妻不和。而他们夫妻俩却始终用心经营婚姻，成了"晚清第一模范夫妻"。

如果没有坚持兴趣，
就没有收复新疆的左宗棠

在开篇之前，我先谈一件自己身边发生的趣事。

最近，有位家长朋友问我：如何面对孩子的兴趣？

我说：尊重他自己的选择。

家长说：那不行，他希望自己天天玩游戏。

我说：游戏也是兴趣，不妨将游戏作为奖励，诱导他完成学习。只要每天完成了学习任务和作业，可以奖励他玩一个小时游戏。

我发现家长面对孩子的兴趣，喜欢走极端，要么认为孩子感兴趣的事情是有害的，加以禁止；要么将自己的兴趣当作孩子的兴趣，让他们被动接受。结果，孩子要么学习上心不在焉，要么勉强应付家长安排的兴趣活动，就像完成任务一样。

有的家长问我：你是专门研究左宗棠的作家，你在书中说，他少年时代将兴趣当成了自己一生的职业，取得了大成功，抛开书本，你能不能谈一谈，这里面到底有什么诀窍，你能不能用最简单的话分析出来，给我作为参考，提点我一下？

这下还真问对参考对象了。下面介绍左宗棠当年是如何对待自己的兴趣的。

一、将兴趣当"第一老师"，凭借"杂书"改变命运

前面说过，左宗棠因为家境贫困，20岁那年被迫做了上门女婿，才有了小家。左宗棠十几岁便靠自己生活，但他没有被困难生活吓退。在湘潭桂在堂安家后，他继续读书。

左宗棠读的什么书呢？舆地学、农学。

舆地学就是地理学，农学则是研究与农作物生产相关领域的科学。

我们现在认为舆地学、农学这两门专业都不错，利国利民。但古人不是这么认为的。古代的科举考试，主要考"四书五经"，不涉及地理学跟农业科学。也就是说，左宗棠在考大学的年纪，学的全是考试绝对不会考的知识。

左宗棠之所以选择读这两方面的书，恰恰凭的是个人的兴趣、爱好。

这种做学问的方法有点奇怪，最初的代价也比较大，直接导致左宗棠考试落榜。1833年、1835年、1838年，左宗棠三次从长沙出发进北京参加会试，三次都没有考中。

落榜的原因之一是左宗棠凭兴趣将书读偏了。

当然，还有运气的原因，1835年，23岁的左宗棠跟胡林翼一样，高中上榜了。但他的运气差，主考官发榜前核对录取考

生名单，发现湖北少录了一人，这一个名额只能从湖南考生中调剂，就这样，排在湖南录取榜上最后一位的左宗棠被临时刷了下来。

依靠岳父家的资助，好不容易才得来的考试机会，因为他自己凭兴趣学偏了内容，加之其他原因屡次落榜，左宗棠后悔读舆地学、农学方面的书吗？不后悔。

他坚持认为：地理学、农业科学不但是自己的兴趣所在，关键在于这些技术是当时很多读书人都缺乏的，而这些又恰恰是当时社会最需要的。与"四书五经"相比，这些知识能够真正解决现实问题，是有用的学问，在未来一定能派上大用场。不能因为现在考试不考这些内容，自己就主动放弃兴趣与理想，一味迎合考试需要，而将实用的学问抛到一边。

左宗棠在学生时代读了顾炎武、顾祖禹、齐绍南写的三部历史地理学"杂书"，读出了大兴趣，他决定将兴趣变成毕生的职业。他凭借17岁前打好的传统文化的底子去考进士，没考上也没怎么当回事，后来他干脆在26岁那年放弃科举考试，专心研究他感兴趣的技术方面的学问。

左宗棠这项兴趣能够坚持并发展下去，得益于一个关键人物的支持，这个人就是他的夫人周诒端。古人结婚早，20岁的左宗棠已经成家了，养家糊口是他的第一责任。如果周诒端不能管好家事，左宗棠便要分心，不可能集中精力研究这些在眼前看不到任何好处的学问。

因为有了妻子周诒端的"铁杆支持"，25岁那年，左宗棠决定画一幅中国地图。

古代没有GPS全球定位系统，没有谷歌地图，国家除了皇帝那里有地图，其他任何地方都找不到地图。两眼一抹黑，左宗棠怎么画呢？

依靠文学、历史书籍中关于地理方面的描述，他用自学的测量方法，真的画起来了。周诒端在边上帮他从书架上找书，帮他翻书并读相关的记述，还帮他磨墨。

夫妻俩就这样忙碌了整整一年，才将这张地图画成。

夫妻俩当时做梦都没想到，这张地图的价值后来远远超过任何知名画家的作品，连齐白石的画也没有这么值钱。

这时自画中国地图积累的学问与知识，在40年后他收复新疆时派上了大用场。当时朝廷里有两幅中国地图——康熙《皇舆全览图》和《乾隆内府舆图》，但它们都没有左宗棠画的地图准确、全面。俄罗斯官员借出访中国的机会与左宗棠当面论地理知识，比地图高下。当左宗棠拿出40年前画的这张舆图时，俄罗斯官员当时就看傻眼了，因为他自己的地图太粗糙了，和左宗棠的地图根本不在同一个档次。

66岁那年，左宗棠年青时积累的地理经验、学问，帮助他顺利地收复了新疆，保住了占全国总面积六分之一的国土。

左宗棠凭借这一件千年的大事功，被朝廷封为二等恪靖侯。其官位与荣誉达到了顶峰。其后，左宗棠被朝廷调入军机处，担任军机大臣、总理衙门大臣，在朝廷官员中排第二位，实际职权相当于民国初年的"国务总理"。

我在读完约800万字的《左宗棠全集》后发现，如果没有早年凭兴趣学偏了，可能就没有后来收复新疆的左宗棠，可能他也得不到那些令人钦佩与羡慕的荣耀与地位。

左宗棠将兴趣当成了毕生的事业，这种做法到底有哪些教育学上的合理性呢？如果没有普遍适用性，只适合某个具体的人，那么就不值得推广。

接下来，我们结合自身的成长经验跟生活体验，来说明其中的道理。

二、兴趣将伴随人的一生，是培养好习惯的摇篮

我们有没有这样一种感觉：人生最幸福的事情，莫过于赚钱养家的职业是做自己感兴趣的事情。比如你喜欢在网上听书、读文章，如果能够将它变成职业，这样既可以赚钱养家，又可以娱乐身心，是不是一天即使工作12个小时也心甘情愿、乐在其中？

成年人大多有这样一种人生经验：自己能做到最好的事情，都是自己想要做的事情；凡是做得马马虎虎、不尽如人意的事情，都是自己必须完成，但不一定想去做的事情。其实，这背后对应的全是我们自己的心：前者是主动做事，后者是被动做事。成年人与孩子相比只存在知识储备与生活经验丰富程度的差异，心理上是一样的。激发孩子的积极性、主动性，而不是

用规定让孩子变得被动、消极，这也是父母教育、引导孩子的基本准则。

关于对人的兴趣爱好的评价，明朝人张岱有句话说得非常对："人无癖不可与交，以其无深情也。人无疵不可与交，以其无真气也。"意思是说，一个人若没有个人的兴趣、爱好，不能跟他交朋友，因为这样的人无真情可言；一个人看上去没有任何瑕疵，不能跟他交朋友，因为这种人太能装了，不真实。

有真情、真实，这是人体验人间喜怒哀乐等各种丰富情感的根源。不然，人则有塑料感，很像机器人。

成人如果能保留自己一生的兴趣、爱好，可以让生活充满无尽的乐趣；孩子们的兴趣如果能不被泯灭，即使他们长大后不一定能像左宗棠那样功成名就、名垂青史，至少他们是内心快乐的人，在成年之后，尤其是处于感情孤独或事业低谷时，还可以有兴趣支撑着他们继续走下去。

有句流传很广的话："不为无益之事，何以遣有涯之生？"意思是如果不做一些没有好处与利益的事，一辈子这么久，怎么消遣过去呢？过于功利，只会越活越无趣，将自己活成一个"赚钱机器"。

左宗棠不但本人将读书当作兴趣，而且也希望别人将读书当作兴趣。如果对读书没有兴趣，那就培养。他从不限定孩子们的兴趣，但他引导孩子们对读书产生兴趣。

读书一定是开卷有益吗？不一定。关键看读谁的书，读哪一类书。因为图书也有多种，如漫画、游戏书、连环画，如果天天痴迷于这些书，就像吃饭时只吃配料、喝汤，时间长了，也有副作用。

　　所以，左宗棠在家书中说："儿志在读书，吾所深喜，然程子以'玩物丧志'为嗜书不知要者戒，亦所当知。"意思是，儿子们将兴趣放在阅读上，我很高兴，但你们要警惕被消遣类的图书牵着鼻子走，天天捧着这种书读，最后弄得自己"玩书丧志"。

左宗棠有个神奇的"朋友圈"，
关键时刻总有人来帮他

现代社会，没有人不需要朋友。这点，我本人也深有体会。

2007年，我发起成立各省与各国湖南商会，之后基本走完了我国的各个省份，也去了欧洲各国，接收了不下5万张名片，手机通讯录里的联系人多达2000位。

近3年来，因为闭关写书，我除了做讲座与宣传新书，平时很少出门。我发现，5万多联系人中，经常联系的，不超过5个。

不论你是结交遍天下，还是宅男、宅女，真正经常互动的朋友并不多，在这一点上大家几乎都没有区别。

为什么呢？因为朋友关系说到底是交心。交心需要用心，用心不可能散而多，这是规律。今天的微信，不但不能拉近朋友之间的心灵，反而让我们发朋友圈时有所顾忌，也使朋友之间产生距离，这点很多人应该都有体会。

有人说，朋友圈、人脉关系是一个人最宝贵的资源。这句话当然没错。不但今天如此，古代也是如此。人需要别人的帮助，也都想得到朋友的帮助。朋友既然是你的资源，你作为对方的朋友，也是对方的资源。

朋友是否主动、发自内心来帮助你，这是朋友圈、人脉能否成为资源的关键。

左宗棠的朋友圈显然成为他宝贵的资源。为什么这样说呢？20多年里，先后有六位十分厉害的朋友，不遗余力地帮助过他，前后相继，将他从一介布衣，直接扶上了"省长"的位置。这听起来就像一个神话。那么从真正的历史事实中找原因，左宗棠究竟凭的是什么呢？

一、过硬的人品会自己说话，朋友在关键时刻会想起你

今天如果有人问我，一个人有学问、有真本事，就一定能成功吗？我的回答是，不一定。

为什么？因为一个人的成功离不开四点：自身努力、高人指点、贵人相助、小人监督。

高人指比你聪明、有智慧的人，贵人指有平台、有资源的人，小人指跟你唱反调的人。

没有比你聪明、有智慧的人指路，你的方向可能是错的，会走许多弯路。

没有贵人提供的平台，你可能宅在家里感叹怀才不遇，叹息英雄无用武之地。

没有跟你唱反调的人老是挑你的毛病，让你谨言慎行、小心翼翼，可能你在成功之后会稳不住，会自我膨胀、飘飘然，

这样你很快又会摔下来，被打回原形。

一个人要想取得成功，离不开这三种人。当然也离不开朋友。

朋友帮助你的前提，是你自身足够努力。在哪些方面努力呢？业务能力仅仅是其中的一个方面，比业务能力更重要的，是你修炼出来的人品。

前面已经说过，左宗棠坚持"立品当如山有岳，持身要比玉无瑕"。以最高的标准来要求自我，并持之以恒，人品就会自己说话，朋友就会自动聚集到你身边来，而不用到处发名片做无用功。

左宗棠的成功之路，很好地印证了这一点。

左宗棠40岁前处于学习、打基础、增阅历、长本事的阶段。如果说，人不要输在起跑线上，左宗棠可以说输得太远了。但他坚信起跑比别人慢不能决定命运，起跑速度过快可能导致后劲不足，反而可能输掉整个人生。

左宗棠40岁前，除了做学问、赚钱养家，另外就是在社会生活中锤炼做人，做一个人品过硬的人。

前面说过，左宗棠小的时候，性格倔强、偏激，难以团结人。但等他用"涵养需用敬"五个字修养好之后，便脱胎换骨了，变得有才气、靠谱，做事让人欣赏，做人又让人喜欢、让人惦记。这样在遇到有好事的时候，朋友会第一个想到他。

胡林翼是第一个推荐左宗棠的朋友。

1836年，胡林翼向两江总督陶澍推荐左宗棠。陶澍路过醴陵时，与左宗棠相见，两人一见如故，结为忘年交。两年后，在深入交流后，两人居然结为儿女亲家。陶澍比左宗棠大33岁，他之所以要结交左宗棠这个朋友，就是认定他有才干，也是一个绝对可靠的人，将来自己死了，可以将妻子、孩子全部托付给他，他绝对不会辜负自己。陶澍是帮助左宗棠的第二个朋友。

1850年1月，远在贵州的云贵总督林则徐因为陶澍的推荐，加上左宗棠的才气与人品，也被吸引过来与左宗棠相见。左宗棠只是一介草民，而林则徐仍不惜降低身份，专门从贵州坐船，绕道来到长沙橘子洲边，约布衣左宗棠湘江夜话。

两人一见面，当即结为忘年交。在见面前，林则徐被左宗棠的人品吸引；在见面后，他又为左宗棠的才气倾倒。他将自己写的关于新疆的资料，都给了左宗棠。这些资料对后来左宗棠收复新疆起到至关重要的作用。林则徐是无私帮助左宗棠的第三个朋友。

真是无巧不成书。1850年，林则徐奉命镇压太平天国，却病死在路上。太平军得以死里逃生。两年后，太平军打到长沙。胡林翼将左宗棠推荐给新上任的湖南巡抚张亮基，张亮基诚恳邀请已经40岁的布衣左宗棠做他的幕僚。

因为有前面这些大人物为左宗棠的人品与才能背书，张亮基不敢怠慢左宗棠。他按最高规格的礼仪，派人到乡下接左宗棠出山。张亮基与左宗棠见面相谈后，也为左宗棠的人品倾倒，成了赏识他的第四个朋友。

张亮基完全信任左宗棠，也因此，左宗棠第一份工作的起点特别高——代表"湖南省长"主持全省的军事工作。

1854年，骆秉章继任湖南巡抚。因为胡林翼、陶澍、林则徐、张亮基这些大人物对左宗棠的赏识与推荐，他更加重视左宗棠，他效仿刘备当年三顾茅庐请诸葛亮出山，亲自跑到湖南湘阴，请左宗棠出山，代表自己主持湖南全省的军政指挥工作。骆秉章成了第五个帮助左宗棠的朋友。

因为相继有湖南巡抚张亮基、骆秉章两任官员的信任与重用，左宗棠在湖南省事实一把手的位置上前后干了8年，这使他本人脱胎换骨，从布衣平民一下子做到了四品官。

这8年，左宗棠主要的工作有三方面：一是指挥湖南的绿营兵与老湘营的民兵对外作战；二是带领军队打击地方的黑恶势力；三是在湖南全省掀起一股反腐败、打贪官的浪潮。

不料左宗棠打贪官，直接打到了自己的上司湖广总督官文的头上，他举报了官文的跟班、永州镇总兵樊燮，使樊燮被朝廷"双规"了。官文恼羞成怒，反举报左宗棠越权，以"省委秘书长"身份代替"省长"工作，严重干扰了湖南的地方政务。咸丰皇帝一听，勃然大怒，当即下发了斩杀令。幸好，胡林翼、郭嵩焘、王闿运等一帮朋友对左宗棠展开积极营救，将他从刀口下救了出来。

此时，左宗棠已经48岁了，无职无权，又成了一介草民。就在这个关键时刻，好运主动找上门来了。1860年，左宗棠迎来了朋友圈里给力的、第六位无私帮助他的朋友——曾国藩。

曾国藩当时是全国湘军的统帅，36岁便做到了礼部侍郎，相当于今天的文化部、外交部、教育部副部长，是湖南有史以来最年轻的从二品高官。左宗棠只比曾国藩小一岁，论身份、地位，却还是布衣平民。曾国藩与胡林翼同时向朝廷保举左宗棠做湘军副统帅，左宗棠果然一步登天，在48岁这年做上了湘军副统帅。

其后，左宗棠便上了官场快车道，成了中国升迁速度最快的"火箭干部"。51岁时，左宗棠升为闽浙总督，管理浙江、福建两省的事务。此时他与52岁的两江总督曾国藩平级。

一个史无前例的有趣现象出现了：湖南有史以来升官最快的官员曾国藩与起跑速度极慢的布衣左宗棠，在左宗棠51岁那年，官阶看齐了。

二、左宗棠的交友秘诀全在家书这两句话里

一个湖南湘阴普通的小举人，居然凭借自己过硬的人品与过人的才能，得到六位朝廷高官的帮助，这实在让人拍案称奇。

那么，左宗棠过硬的人品究竟是怎么修炼成的呢？答案就在他私密的家书里。他的家书中有两句最关键、最核心的话：

第一，"慎交友，勤耕读；笃根本，去浮华"。

慎交友，指应小心交朋友，要对对方的家庭、人品有了一

定的了解后，再开始深入交往。

勤耕读，指体力劳动与脑力劳动要结合起来。孩子可以帮父母做家务活，平时多跑步锻炼，不要一回到家就"葛优躺"。

笃根本，就是将自己的主业做扎实。对青少年来说，就是掌握学校中应学的知识。

去浮华，就是吃穿用度上尽量朴素，大方得体即可。

第二，"不可广交游、务征逐、通关节"。

广交游，就是四处撒网，认识形形色色的朋友。青少年为什么不能广交游呢？一则，社会上鱼龙混杂，青少年难以辨别好人和坏人；二则，朋友太多，会耽误许多攻读主业的时间。

务征逐，就是同龄人之间互相攀比。为什么不能这么做呢？因为有攀比就会有伤害。今天你把我比下去了，明天我一定想办法把你比下去，结果原本用来学习进步的时间，都被无意义的攀比浪费了，除了两败俱伤，没有一点儿实际的价值。

通关节，就是做事首先想到的是疏通各种关系，动不动就找人说情。为什么不能这么做呢？因为这属于走捷径的行为，这种事情做多了，朋友平时都看在眼里，心里都有一本账，会逐渐看轻你，进而想远离你，不可能再帮你。

左宗棠的儿子们按照父亲说的两条经验去做，果然简单有效。左宗棠的儿子们虽然交友都不多，但交到的全都是真正能帮到他们的高人、贵人。

很多人认为，左宗棠说得没错，但如果因为朋友太少而感到孤单，又该怎么办呢？对此，左宗棠也有一条经验供儿子们参考：转移自己的注意力，将精力用到书本上，在文字中跟古代以及同时代的那些优秀作家交朋友。这就叫"文交今人，神交古人"。这样既可学到知识，又可以避免心灵孤单。

引导儿子们正确交友，告诉他们最好的朋友是书本。对此，左宗棠自己也是身体力行——岳母王慈云老人去世后，他命长子孝威将岳母写的诗歌收集起来，准备付印成书，并让孝威担任编辑校对工作，自己最终审定。

正是这样以身作则，让儿子把交友的时间用到读书上，孝威在17岁时便考上了举人，相当于今天的硕士研究生。孝威因此成了左宗棠家族约700年里最年轻的举人，在整个湖南省也是屈指可数的。

关于正确处理交友与读书的关系，我本人也很有体会。我从2007年开始研究左宗棠。近6年来，我主要闭关看书、写作，这样才得以写完近300万字的左宗棠系列作品。而我真正的朋友，历年来一个都没少。闭关看书、写作也有一个意外的收获，不必要的朋友，时间一久，逐渐全部离开了。

可以说，我本人也是左宗棠这一交友观的受益者。我跟读者朋友们一样，作为左宗棠家书的读者，将自己收获的东西拿出来现身说法，跟大家分享，目的是希望大家能够学到真正可以运用的知识。

第二辑

左宗棠教子：读书六法

| 咸丰二年（1852年）廿三夜四鼓①

与孝威

字谕霖儿知之：

　　阅尔所写请安帖子，字画尚好，心中欢喜。

　　尔近来读《小学》否？《小学》一书是圣贤教人作人的样子。尔读一句，须要晓得一句的解；晓得解，就要照样做。古人说：事父母，事君上，事兄长，待昆弟、朋友、夫妇之道，以及洒扫、应对、进退、吃饭、穿衣，均有见成的好榜样。口里读着者一句，心里就想着者一句，又看自己能照者样做否？能如古人，就是好人；不能，就不好，就要改，方是会读书，将来可成就一个好子弟。我心里就欢喜，者就是尔能听我教，就是尔的孝。

　　早眠、早起，读书要眼到一笔一画莫看错；口到一字莫含糊；心到一字莫放过。写字要端身正坐，要悬大腕，大指节要凸起，五指爪均要用劲，要爱惜笔墨纸。温书要多遍数想解。读生书要细心听解。走路、吃饭、穿衣、说话，均要学好样也有古人的样子，也有今

---

① 读信原著未署年月，现依原编系年。

人的样子，拣好的就学。此纸可粘学堂墙壁，日看一遍。

廿三夜四鼓父字

久不作篆，偶为霖儿书千文仿本五纸寄去，须玩其用笔之意，以浓墨临之。

读书要得古人的"心"，做人要有今人的"行"

现存左宗棠家信中最早的一封写给儿子的信是写给其6岁儿子孝威的。

左宗棠生有四子：长子孝威，1846年生；次子孝宽，1847年生；三子孝勋，1853年生；四子孝同，1857年生。"霖儿"是长子孝威的小名。1846年，左宗棠在湖南安化小淹教陶桄，某天梦见大雨滂沱，回家后见孝威出生，欣然名之，以为纪念。

一、以"古人心"修"童子功"

6岁的孝威已经能读懂这封信，足见清朝儿童启蒙之早。左宗棠本人3岁习字，5岁入学，8岁学作八股文。由此也可以推知，古代儿童8岁左右，已经掌握常用的汉字和基本的语法。

信中说的《小学》跟今天的"小学"，其内容完全不同。古代将教授学童识字阶段叫"小学"，也称"蒙学"，其教材为《千字文》《三字经》《百家姓》《论语》等。现在的大学毕业生能正确理解"四书"及经典诗文的都不太多。这是古今教学内容与规定不同造成的。

古代小学阶段以"四书"文本识字、儒学"义理"正心为基本教学内容，概括为"八目"：格物、致知、诚意、正心、修身、齐家、治国、平天下。这样设置课程的原因是基于儒学经典《尚书·大禹谟》中的一个观点："人心惟危，道心惟微；惟精惟一，允执厥中。"其意思是世间万事万物混杂在一起，学问的真理就在这万千杂乱之中；真理很细小，人心多变化，人要得到真理，首先要静心，排除各种杂念，做到"诚意、正心"。

儿童怎样"诚意、正心"呢？需借助庄重的仪式。所以古人规定，新生入学要举行隆重的"开学仪式"，其内容包括正衣冠、行拜师礼、净手净心、朱砂开智。

"入学礼"极受人们重视，与成人礼、婚礼、葬礼并列为人生四大礼。

在古人看来，"诚意、正心"是衣服上的第一粒扣子，第一粒纽扣系错了，后面会一错再错，所以家长、老师会尽心配合，帮孩子打好"童子功"的基础。

左宗棠信中教儿子的正是专心去杂念。他说的其实也是自己成长过程中的体验。从中可以看出，左宗棠本人得益于父亲左观澜的启蒙教育有两点：一是读书特别细心，"一字莫放过"；二是做人十分严谨，"有古人的样子"。

修身、养性，诚意、正心，文化的薪火便这样一代一代传递下来了。

二、书法定心，习惯定行

不能当面教儿子读书明理，左宗棠只好通过书法来教儿子"诚意、正心"。他的方法十分严格，连具体动作都做了要求：写字要端身正坐，要悬大腕，大指节要凸起，五指爪均要用劲。

老祖宗发明毛笔写字，看来是颇用心的。因为毛笔落纸时心稍有杂念，字便会乱。字会及时提醒人，赶紧聚精会神于一点。心思一旦入定，字便一气呵成。长期坚持，人便能锻炼得守心于一。

左宗棠本人得益于早年书法定心，后来每天仍将练书法当作必修课。他练篆书、行书，凝心静气，淡泊明志，宁静致远，虽然军务繁忙，仍能忙而不乱，耐心且有条理。左宗棠认为：天下万事莫不同理，心静事成，心乱则无事不败。他甚至将书法当作察人、识人的工具，认为通过书法，不但可以看出一个人的性格、修为，而且可以推断出一个人的终生，尤其值得重视。

写这封信时，左宗棠已经40岁，他的性格、气质已定型，才能也基本定型了。此时，他进入张亮基幕府，正跃跃欲试要大展才干，每天忙到脚不沾地。即使军务繁忙，密不插针，左宗棠仍在凌晨两三点抽空磨墨教子。这既显出他操心繁多，也显出他精力旺盛。

信末日期署"廿三夜四鼓"。用"鼓"不用"更"，我们可以看出左宗棠内心的激情澎湃；只写日子，忘记署年月，这不是第一次给儿子写信没经验，而是湘阴县柳庄距长沙府巡抚衙门近，信当天可送到。这时他可能还没有找到写家信的感觉。

左宗棠生性"粗豪"，但出山后办事细心，再未出现过明显的大失误。这不是天性使然，而主要得益于他早年的"正心"学习与书法"静心"训练。

此时，他乐得将自己早年得益的发现、经验、心得用来教儿子。其培养方法很明确："能听我教""将来可成就一个好子弟"。他的培养目标也很有现代意识："也有古人的样子，也有今人的样子。"就是说，为人处世的礼貌、规矩要师法古人；说话、做事的思维与方法要有现代人该有的样子。

| 咸丰六年（1856年）正月二十七夜四鼓

与癸叟侄

癸叟侄览之：

　　郭意翁来，询悉二十四日嘉礼告成，凡百顺吉，我为欣然。

　　尔今已冠，且授室矣，当立志学作好人，苦心读书，以荷世业。吾与尔父渐老矣，尔于诸子中年稍长，姿性近于善良，故我之望尔成立尤切，为家门计，亦所以为尔计也，尔其敬听之。

　　读书非为科名计，然非科名不能自养，则其为科名而读书，亦人情也。但既读圣贤书，必先求识字。所谓识字者，非仅如近世汉学云云也。识得一字即行一字，方是善学。终日读书，而所行不逮一村农野夫，乃能言之鹦鹉耳。纵能掇巍科、跻通显，于世何益？于家何益？非惟无益，且有害也。冯钝吟（即冯班，号钝吟老）云："子弟得一文人，不如得一长者；得一贵仕，不如得一良农。"文人得一时之浮名，长者培数世之元气；贵仕不及三世，良农可及百年。务实学之君子必敦实行，此等字识得数个足矣。科名亦有定数，能文章者得之，不能文章者亦得之；有道德者得之，无行谊者亦得之。均可得也，则盍期蓄道德而能文章乎？此志当立。

尔气质颇近于温良，此可爱也，然丈夫事业非刚莫济。所谓刚者，非气矜之谓、色厉之谓，任人所不能任，为人所不能为，忍人所不能忍。志向一定，并力赴之，无少夹杂，无稍游移，必有所就。以柔德而成者，吾见罕矣，盍勉诸！

家世寒素，科名不过乡举，生产不及一顷，故子弟多朴拙之风，少华靡佻达之习，世泽之赖以稍存者此也。近颇连姻官族，数年以后，所往来者恐多贵游气习。子弟脚跟不定，往往欣厌失所，外诱乘之矣。惟能真读书则趋向正、识力定，可无忧耳，盍慎诸！

一国有一国之习气，一乡有一乡之习气，一家有一家之习气。有可法者，有足为戒者。心识其是非，而去其疵以成其醇，则为一国一乡之善士，一家不可少之人矣。

家庭之间，以和顺为贵。严急烦细者，肃杀之气，非长养气也。和而有节，顺而不失其贞，其庶乎？

用财有道，自奉宁过于俭，待人宁过于厚，寻常酬应则酌于施报可也。济人之道，先其亲者，后其疏者；先其急者，次其缓者。待工作力役之人，宜从厚偿其劳，悯其微也。广惠之道，亦远怨之道也。

　　人生读书得力只有数年。十六以前知识未开，二十五六以后人事渐杂，此数年中放过，则无成矣，勉之！

　　新妇名家子，性行之淑可知。妃匹之际，爱之如兄弟，而敬之如宾，联之以情，接之以礼，长久之道也。始之以狎昵者其末必暌，待之以傲慢者其交不固。知义与顺之理，得肃与雍之意，室家之福永矣。妇女之志向习气皆随其夫为转移，所谓"一床无两人"也。身出于正而后能教之以正，此正可自验其得失，毋遽以相责也。孟子曰："身不行，道不行于妻子。"

　　胡云阁先生乃吾父执友，曾共麓山研席者数年。咏芝与吾齐年生，相好者二十馀年，吾之立身行事，咏老知之最详，其重我非他人比也。尔今婿其妹，仍不可当钧敌之礼，无论年长以倍，且两世朋旧之分重于姻娅也，尊之曰先生可矣。

　　尔婚时，吾未在家。日间文书纷至，不及作字，暇间为此寄尔。自附于古人醮子之义，不知尔亦谓然否；如以为然，或所见各别，可一一疏陈之，以觇所诣也。

　　　　　　　　　　　　　正月二十七夜四鼓季父字

读书贵在"实行"，夫妇贵在"同心"

上封家信，缘于左宗棠初到长沙府，家人还暂住在湘阴柳庄，两地相距70公里，传音问讯靠纸笔。但这年年底，骆秉章、胡林翼各赞助500两白银，替他买下长沙司马桥的一处宅子，供他安家。这时老婆孩子已与他在一起生活，他不用再给家人写信。

左癸叟是左宗棠的二哥左宗植的次子，天资不错。左宗植正值盛年，满腹学问，教导儿子自然不用烦劳季弟。写此信的原因是，左癸叟的"冠礼"与"婚礼"均在湘阴举办，左宗棠当时在长沙整治官场，抽不出时间参加，根据古人"醮子"规矩，他得有所表示。

一、比读书更重要的是"用书"

"冠礼"是中国古代汉族男性的成人礼，受礼者年龄在20岁。男性举办这一仪式后才算成人。成人之后，他才有资格参加社会活动，否则只能算"大小孩"，所以"冠礼"十分重要。

古人举办"婚礼"与今人相近，流程中有个仪式叫"醮子"：长辈给晚辈冠者（新郎）斟一杯酒，晚辈接过敬酒，一饮而尽，不需回敬；笄者（新娘）行礼后，从正宾手中接过"醴酒"，轻洒地面，表示祭祀天地，然后象征性地抿一口。仪式完毕，长辈再致以"醮辞"，以示祝贺。

左宗棠严格遵守古制，不能当场为侄子"醮子"，便选择这样一个时机，以书信为"醮辞"，适时教育侄子。

此信给今人的启发主要是这两句话——读书以实行为善，家庭以和顺为贵。

当时科举考试的弊端已十分明显，无法检测出一个人的德与才。长沙府读书人的观念是：工具书长知识，乐书当消遣，名著当装饰，读书以应付科考。

左宗棠一反时俗，在信里，他没有从正面规定侄子应该怎么读书，而是从反面提出不能怎样读书：读完后书是书，人是人，气质没有变化，这是"村农野夫"；读完后只记得书上怎么说，自己仍不知道怎么做，这是"能言之鹦鹉"。

本着这一理念，左宗棠明确提出：如果国家的考试制度限制学生求真知，则青年不应被考试条框束缚，应立志"蓄道德而能文章"。也就是说，读书可以参加考试，但不是为了应付考试，读书的根本目的是完善人格、道德，提高自己分析事情、解决问题的能力，能够在生活中应用所学知识。

二、夫妇相处，"一床无两人"

左癸叟娶的是胡林翼的妹妹。益阳胡氏出自官宦世家，是名门闺秀，左家可以说有点儿高攀。作为胡林翼的"季丈"、左癸叟的三叔，左宗棠有点儿尴尬。所以他告诫侄子说，以后见了胡林翼不要叫哥哥，而应叫先生，毕竟人家年纪比你大了一倍多，学问也不是你可以比拟的。

这里他除了教侄子读书，还专心教侄子如何正确处理夫妻关系、家庭关系。

左宗棠像列算术公式一样，给侄子列出模范夫妻相处的四条标准：像爱兄弟一样爱妻子，像待客人一样待妻子，像对情人一样对妻子，像接外人一样礼遇妻子。只有这样，夫妻才可以做得久；相反，一开始两人就过于亲近，以后必会不顺。

夫妻相处会逐渐形成一个固定的心理模式，开头相处的几个月最重要，相处和顺了，可以习惯成自然。左宗棠在信中列出了一个夫妻之道的基本标准"一床无两人"。丈夫要潜移默化地影响妻子，夫妻之间要同心同德。

这种说法对吗？也对，也不对。

说不对，是因为古代的女人没有人格，没有地位，"嫁鸡随鸡，嫁狗随狗"，只能顺从丈夫；现在男女平等，丈夫与妻子同属独立个体，可以相互影响。

说对，是因为从古至今，夫妻之间的最佳状态只能是"一床无两人"。"一床无两人"的反面是"同床异梦"。

这里也体现了古今的区别。如今，离婚是一件很常见的事，这对古人来说几乎不敢想象。古代基本上是男人"休妻"，很少"离婚"。

以现代眼光看，夫妻"平等"的核心含义是夫妻双方人格平等、社会权利平等。

无论在哪个时代，如果人们将左宗棠这句"一床无两人"真正理解了，做到了，那么夫妻相处不至于走太多弯路。

古人没有"自由恋爱"一说，左宗棠的婚姻也是依循"父母之命，媒妁之言"，夫妻双方没有感情基础。但他们两人婚后不但关系融洽，感情也培养得很深厚，胡林翼甚至称周诒端是"闺中圣人"。左宗棠事业大成，一定程度上得益于周诒端经营好了家庭和邻里关系，免了他的"后院"之忧。

与孝威孝宽

孝威、孝宽知之：

我于廿八日开船，是夜泊三汊矶。廿九日泊湘阴县城外，三十日即过湖抵岳州。南风甚正，舟行顺速，可毋念也。

我此次北行，非其素志。尔等虽小，当亦略知一二。世局如何，家事如何，均不必为尔等言之。惟刻难忘者，尔等近年读书无甚进境，气质毫未变化，恐日复一日，将求为寻常子弟不可得，空负我一片期望之心耳。夜间思及，辄不成眠，今复为尔等言之。尔等能领受与否，我不能强，然固不能已于言也。

读书要目到、口到、心到。尔读书不看清字画偏旁，不辨明句读，不记清首尾，是目不到也。喉、舌、唇、牙、齿五音并不清晰伶俐，蒙笼含糊，听不明白，或多几字，或少几字，只图混过就是，是口不到也。经传精义奥旨初学固不能通，至于大略粗解原易明白，稍肯用心体会，一字求一字下落，一句求一句道理，一事求一事原委，虚字审其神气，实字测其义理，自然渐有所悟。一时思索不得，即请先生解说；一时尚未融释，即将上下文或别章别部义理相近者反复推寻，务期了然于心，了然于口，始可放手。总要将此心运在字里行间，时复思绎，乃为心到。今尔等读书总是混过日子，身在案前，耳目不知用到何处，心中胡思乱想，全无收敛归着之时。悠悠忽忽，日复一日，好似读书是答应人家工夫，是欺哄人家、掩饰人家耳目的勾当。昨日所不知不能者，今日仍是不知不能；去年所不知不能者，今年仍是不知不能。孝威今年十五，孝宽今年十四，转眼就长大成人矣。从前所知所能者，究竟能比乡村子弟之佳者否？试自忖之。

读书作人，先要立志。想古来圣贤豪杰是我者般年纪时是何气象？是何学问？是何才干？我现在那一件可以比他？想父母送我读书、延师训课是何志愿？是何意思？我那一件可以对父母？看同时一辈人，父母常背后夸赞者是何好样？斥詈者是何坏样？好样要学，坏样断不可学。心中要想个明白，立定主意，念念要学好，事事要学好。自己坏样一概猛省猛改，断不许少有回护，断不可因循苟且，务期与古时圣贤豪杰少小时志气一般，方可慰父母之心，免被他人耻笑。

志患不立，尤患不坚。偶然听一段好话，听一件好事，亦知歆动羡慕，当时亦说我要与他一样。不过几日几时，此念就不知如何销歇去了，此是尔志不坚，还由不能立志之故。如果一心向上，有何事业不能做成？

陶桓公有云："大禹惜寸阴，吾辈当惜分阴。"古人用心之勤如此。韩文公云："业精于勤而荒于嬉。"凡事皆然，不仅读书。而读书更要勤苦，何也？百工技艺及医学、农学，均是一件事，道理尚易通晓。至吾儒读书，天地民物，莫非己任。宇宙古今事理，均须融澈于心，然后施为有本。人生读书之日最是难得，尔等有成与否，就在此数年上见分晓。若仍如从前悠忽过日，再数年依然故我，还能冒读书名色、充读书人否？思之，思之。

孝威气质轻浮，心思不能沉下，年逾成童而童心未化，视听言动，无非一种轻扬浮躁之气。屡经谕责，毫不知改。孝宽气质昏惰，外蠢内傲，又贪嬉戏，毫无一点好处可取，开卷便昏昏欲睡，全不提醒振作。一至偷闲顽耍，便觉分外精神。年已十四，而诗文不知何物，字画又丑劣不堪。见人好处不知自愧，真不知将来作何等人物。我在家时常训督，未见悛改。今我出门，想起尔等顽钝不成材料光景，心中片刻不能放下。尔等如有人心，想尔父此段苦心，亦知自愧自恨，求痛改前非以慰我否？

亲朋中子弟佳者颇少。我不在家，尔等在塾读书，不必应酬交接，外受傅训，入奉母仪可也。

读书用功，最要专一，无间断。今年以我北行之故，亲朋子侄来家送我；先生又以送考耽误工课，闻二月初三、四始能上馆，所谓"一年之计在于春"者又去月馀矣。若夏秋有科考，则忙忙碌碌又过一年，如何是好？今特谕尔：自二月初一日起，将每日工课按月各写一小本寄京一次，便我查阅。如先生是日未在馆，亦即注明，使我知之。屋前街道、屋后莱园，不准擅出行走。如奉母命出外，亦须速出速归。出必告，反必面，断不可任意往来。

同学之友，如果诚实发愤，无妄言妄动，固宜引为同类。倘或不然，则同斋割席，勿与亲昵为要。

家中书籍勿轻易借人，恐有损失。如必须借看者，每借去，则粘一条于书架，注明某日某人借去某书，以便随时向取。

庚申正月三十日

学习古人立志向，通透事理得方法

左宗棠写这封信时，长子孝威已经14周岁，开始能够与父亲交流思想、情感及对事物的看法。左宗棠此时正在北上赴京途中，已远离家乡。可以说，这封信才是左宗棠严格意义上的第一封家信。

在长沙司马桥的家中，左宗棠有空就手把手地教育儿子们。左宗棠卷进"樊燮事件"，自己命悬一线，明知进京会试是借口，避祸是实，他不忧自身，反倒担心自己不在家，儿子们贪玩荒废了学业，并为此彻夜难眠，费尽心血以书信来引导儿子们。

一、传授"体验式"读书法

左宗棠在信里继续传授给儿子们的学习方法，其根本途径仍是"正心"、去杂念。他以过来人的心得体会传授他的独特读书方法："虚字审其神气，实字测其义理。"意思是，读一篇文章，不但要透过字里行间看出作者所要表达的道理，还要揣摩作者的语气、写作背后的心理。换句话说，就是进入作者的情境，仿佛作者就在身边，随时在与自己对话。

坚持"体验式"读书有什么好处呢？可以大幅度增加内心经验。在左宗棠看来，人看到的、听到的、想到的东西，只有入心了，成为一种感同身受的体验，才能开阔一个人的胸怀，增长一个人的见识。

为什么人40岁才叫"不惑"？因为经历的世事多了，体验丰富了，内心才会逐渐沉稳。

20岁的青年即使博览群书，仍不能拥有40岁的沉稳，因为缺少生活过程的体验。书可以给人知识，但无法给人体验。"纸上得来终觉浅，绝知此事要躬行。"体验比道理重要，在于体验不但让人记忆深刻，而且可以内化于心。

左宗棠读书求知看重触类旁通，追求一通百通，所谓"百工技艺及医学、农学，均是一件事"，这便是他教儿子们做到举一反三，做知识迁移。

年轻人怎样通过读书来立志成大业呢？左宗棠以切身的经验，教给儿子们两条最重要的方法：一是向古代圣贤豪杰看齐，以他们为榜样，学习立志；二是平时注意博览群书，诸子百家的各种观念、道理都去想一想，"宇宙古今事理，均须融澈于心"。这就不但是"鸳鸯绣出从君看"，更是"把金针度与人"了。

儿子们的学习态度明显不能令左宗棠满意。他批评孝威"气质轻浮""无非一种轻扬浮躁之气"，孝宽"气质昏惰""开卷便昏昏欲睡，全不提醒振作"，可谓苦口良药。

但从儿子们的角度去想，偷懒也有他们的道理。"四书五经"读来枯燥无味，而且科场考试不考理工、农学等技术类知识，哪来的学习动力？没有父亲在身边言传身教，单凭一张信纸，儿子们自读自解，进入不了"体验式"的状态。

由此可以看出父子间的区别：左宗棠本人读这些书籍津津有味，一是他从小就有这方面的兴趣爱好，二是被贫寒环境逼出来的；儿子们无论是自身的兴趣还是所处的环境，与父亲没有多少可比性。

左宗棠的性格特点是：刚直敢言，言无不尽。这种性格造成他对子女的教育方式多为批评式教育。但孝威不过14周岁，孝宽也才13周岁，正是少年血气未稳，人格未定时，他们都期望得到父亲的肯定与表扬。从日夜期盼的家书中读到父亲如此不留情面的指责，效果不见得会好。

左宗棠以批评做教育，也不是全然不对，但这种方法只适合培养天赋过人、才气强劲的青少年。性格强悍的人在打击面前会变得更强，性格柔弱者在打击面前很可能会一蹶不振。左宗棠此时还没有明白这点。

二、为什么书籍不可以借人？

俗话说，敝帚自珍。自己看重的东西，便会格外珍惜。信末，左宗棠道出了一件虽远隔重山但他仍十分关切的家事："家中书籍勿轻易借人，恐有损失。"这句话今天听起来仿佛格外小气，事实并非如此。主要原因有两方面：一则左宗棠爱书如命，他购买了一些孤本，担心因借阅丢失；二则古代出版一本书，需人工刻版，成本非常高，要买到一本想读的书，并非易事。

对靠读书改变命运的普通人家子弟来说，书是仅次于生命的必需品。左宗棠出山前每天废寝忘食地读书，获益匪浅，他当然像"守财奴"一样守着他的书了。爱书如命这种心理不是个例，清末湖南有位叫叶德辉的文人曾有一句名言："老婆不借书不借。"

现今出版业十分发达，人们要买到一本书，非常容易，在手机上下个订单，书就快递上门。这样是否就可以轻易将书借人呢？笔者以为，书是自己的"私人智库"，读过后留下的记号、折页的重点、写下的理解，都代表你当时的收获。过几年再看，理解又有不同。真正会读书的人，看重的不是一本书值多少钱，而是自己标记的重点，读后的见解、收获，这不是再买一本书就能有的。

历史上大多成就事业的人，似乎都有一个共性，不但嗜书如命，而且有藏书爱好。现在图书馆多的是书，藏书有什么意义呢？藏书不但代表你的思考范围，而且代表你的知识结构，稍有缺篇断本，便有如缺胳膊少腿，行动不便。

今天有一些在电商平台上卖旧书的读者，其中就有看书找乐子、图消遣的文化门外汉。他们事实上可能只读懂了书上的故事，并没有自己的思考与见解，也谈不上对自己的"私人智库"有多少尊重。人一旦养成了这种坏习惯，如不改正，很可能会贻误终生。

与孝威

孝威知之：

接腊月初十日禀，知家中清吉，尔兄弟姊妹均好，甚为欣然。

尔年已渐长，读书最为要事。所贵读书者，为能明白事理。学作圣贤，不在科名一路，如果是品端学优之君子，即不得科第亦自尊贵。若徒然写一笔时派字，作几句工致诗，摹几篇时下八股，骗一个秀才、举人、进士、翰林，究竟是甚么人物？尔父二十七岁以后即不赴会试，只想读书课子以绵世泽，守此耕读家风，作一个好人，留些榜样与后辈看而已。生尔等最迟，盼尔等最切。前因尔等不知好学，故尝以科名歆动尔，其实尔等能向学作好人，我岂望尔等科名哉！来书言每日作文一篇，三六九日作文两篇，虽见尔近来力学远胜从前，然但想赴小试做秀才，志趣尚非远大。且尔向来体气薄弱，自去春病后，形容憔悴，尚未复元，我与尔母每以为忧，尔亦知之矣。

读书能令人心旷神怡，聪明强固，盖义理悦心之效也。若徒然信口诵读而无得于心，如和尚念经一般，不但毫无意趣，且久坐伤血，久读伤气，于身体有损。徒然揣摩时尚腔调而不求之于理，如戏子演戏一般，上台是忠臣孝子，下台仍一贱汉。且描摹刻画，勾心斗角，徒耗心神，尤于身体有损。近来时事日坏，都由人才不佳。人才之少，由于专心做时下科名之学者多，留心本原之学者少。且人生精力有限，尽用之科名之学，到一旦大事当前，心神耗尽，胆气薄弱，反不如乡里粗才尚能集事，尚有担当。试看近时人才有一从八股出身者否？八股愈做得入格，人才愈见庸下。此我阅历有得之言，非好骂时下自命为文人学士者也。读书要循序渐进，熟读深思，务在从容涵泳以博其义理之趣，不可只做苟且草率工夫，所以养心者在此，所以养身者在此。府试、院试如尚未过，即不必与试。我不望尔成个世俗之名，只要尔读书明理，将来做一个好秀才，即是大幸。军中事多，不及详示。因尔信如此，故略言之。

　　李贵不耐劳苦，来营徒多一累。其人不能学好，留之家中亦断不可。我写信与郭二叔，求他转荐地方可也。

　　家中大小事件亦宜留意，家有长子曰"家督"，尔责非轻。长一岁年纪，须增一岁志气，须去尽童心为要。

辛酉正月二日四更梅源桥行营

读书八字诀：义理悦心，从容涵泳

左宗棠在这封信里引导儿子思考一个根本问题：读书到底是苦还是乐？到底应该坚持苦读，还是追求悦读？

读书本质是苦的。否则古人不可能"头悬梁，锥刺股"，也不会留下"十年寒窗无人问，一举成名天下闻"的俗谚。但是否就应据此主张"苦读"呢？

左宗棠明确反对苦读。理由是："久坐伤血，久读伤气。"

"久坐伤血"容易理解，"久读伤气"又是怎么回事呢？

原来，古人读书跟今人完全不同。古人读书必须真正读出来，声音要抑扬顿挫，起伏有节，叫"吟诵"。

"吟诵"让读书成了一个体力活。人一天读下来，气喘吁吁，汗流浃背。

与今人静读相比，"吟诵"的好处之一是身体与头脑一起运动，有利于身心健康。中国人讲究"阴阳平衡"，今人读书最大的问题是头脑高速运动，身体却枯坐不动，造成阴阳失调。吟诵则克服了这一弊端，脑力运转辅以身体动作，身体运动与精神运动达成平衡。

左宗棠反对死记硬背。他将死记硬背比作戏子唱戏，模仿得惟妙惟肖，一场终了，戏是戏，人是人。读书的关键是做到"人书合一"。

"人书合一"具体怎么做呢？义理悦心，从容涵泳。

"义理悦心"就是跳开文字读出内涵，思考作者所要表达的道理，得出自己的结论，与作者的想法不断比较、印证，这样读书就像探险、猜谜，会不断有发现、有惊喜，惊喜足以让人忘记疲劳，用近代学者梁启超的话说就是"趣味读书法"。

怎样将枯燥的道理读出趣味呢？"从容涵泳"。

"从容"就是不急，在自己疑惑的地方，反复徜徉。"涵泳"就是深入，像鱼一样扎进深水，反复玩味。沉浸书中，头脑与书本融为一体，漫游古今，像格列佛优哉游哉地漫游大人国与小人国，像鲁滨逊在没有人烟的荒岛上探索与发现，忘情忘我，哪里还会感到苦和累？

基于此，左宗棠明确反对儿子为应付科考而读书。他并不反对儿子考取功名，而是认为不值得为功名耽误学真本领。他用接近现代人的"机会成本"原理，给儿子算了一笔账：人的精力是个定数，同一时间内，只能做好一件事。专攻八股，则意味着耽误真本领；选择真本领，则意味着荒疏八股。到底选择哪一项？应不看虚名看实效。"尽用之科名之学，到一旦大事当前，心神耗尽，胆气薄弱，反不如乡里粗才尚能集事，尚有担当。"读了一肚子学问，办起事来还不如乡下文盲，你好意思说自己是读书人？

不放弃"应试教育"，追求"素质教育"，左宗棠不但教儿子这么想，更在教儿子这么做。

同治三年（1864年）十月二十九日

与孝威

孝威知之：

日昨送我，舟中人客嘈杂，未及一一详示。然究不知儿之能遵吾教否，又不能已于言。今日至富阳，酬应较少，乃书此寄之。

儿此来，原拟令同住数月，始遣北上。不意闽中事急，不能不舍儿以去。吾既去杭，儿亦宜及早北上。道途多险，游勇剽掠为患，苏、常、镇、扬一带时有戒心。儿未知远行之难、世事之坏，一切皆宜详慎，不宜粗率卤莽，以贻余忧。近日察儿举止多有轻率之处，多由阅历未深。如由弋阳至广信时，正值湖州馀孽败窜，儿放胆径过，虽幸无事，然尔父亦数夕不能安卧矣。借使在长沙时少缓行期，俟余信至就道，岂不安稳耶？尔抵杭后，闲谈日多，读书日少。言动之间童心未化，虽无大谬可指，却无佳处可夸。窥其心之所存，不免有功名科第之念。此在寻常子弟亦不为谬，然吾意却不以此望儿也。

自古功名振世之人，大都早年备尝辛苦，至晚岁事权到手乃有建树，未闻早达而能大有所成者。天道非翕聚不能发舒，人事非历练不能通晓。《孟子》"孤臣孽子"一章，原其所以达之故在于操心危、虑患深，正谓此也。儿但知吾频年事功之易，不知吾频年涉历之难；但知此日肃清之易，不知吾后此负荷之难。观儿上尔母书谓"闽事当易了办"一语，可见儿之易视天下事也。《书》曰："思其艰以图其易。"又曰："臣克艰厥臣。"古人建立丰功伟绩无不本其难其慎之心出之，事后尚不敢稍自放恣，则事前更可知矣。少年意气正盛，视天下无难事。及至事务盘错，一再无成，而后爽然自失，岂不可惜？顷于舟中见李云麟奉旨撤去四品京堂，益用儆惕。以李雨苍质地之美，何事不可为？只缘言之易，行之乐，遂致草草结局。假令潜心数载，俟蕴蓄既裕，而后见诸设施，亦岂遽止于此。儿当引以为鉴也。

　　至科第一事无足重轻，名之立与不立，人之传与不传，并不在此。儿言欲早得科第，免留心帖括，得及早为有用之学。如其诚然，亦见志趣之不苟，然吾不能无疑。科第之学本无与于事业，然欲求有以取科第之具，则正自不易，非熟读经史必不能通达事理，非潜心玩索必不能体认入微。世人说八股人才毫无用处，实则真八股人才亦极不易得。明代及国朝乾隆二三十年以前名儒名臣有不从八股出者乎？罗慎斋先生以八股教人，其八股亦多不可训，然严乐园先生从之游，卒为名臣。尝言"得力于先生在一'思'字"，盖以慎斋教人作八股必沉思半日然后下笔，其识解必求出寻常意见之外乃首肯也。今之作者但知涂泽敷衍，揣摩腔调，并不讲题中实理虚神、题解题分、章法股法，与僧众诵经念佛何异？如是而求人才出其中，其可得哉？儿从师学时俗八股尚未有成，遽望以此弋取科第，所见差矣。至谓"俟得科第后再读有用之书"，然则从前所读何书？将来更读何书耶？如果能熟精传注，则由此以窥圣贤蕴奥亦复非难。不然，则书自书，人自人，八股自八股，学问自学问，科第不可必得，而学业迄无所成，岂不可惜？试细思之。

至交游必择其胜我者，一言一动必慎其悔，尤为切近之图。断不可旷言高论，自蹈轻浮恶习；不可胡思乱作，致为下流之归。儿当谨记吾言，不复多告。

十月二十九日富阳舟中谕

读书要"以书化人，人书一体"

左宗棠写这封信时，孝威跟着余三伯已经顺利到达杭州城。左宗棠将两人安置在浙江巡抚衙门，父子俩相聚达3个月之久。其后，左宗棠因军事移营富阳，与儿子一些不方便当面说的话，趁军事空闲又作书信，一则对前段的生活做个总结，再则对儿子存在的问题及时敲打、告诫。

好文章都有"文眼"，"文眼"起着提纲挈领的作用。这封家书可以看作《左宗棠家书》的"书眼"。而"眼中之眼"，则是"操心危、虑患深"6个字。

一、"小头儿子，大头爸爸"

"诸葛一生惟谨慎"，以诸葛亮为榜样的左宗棠，操心之重，确实超出人们的想象。他凡事都要刨根问底，弄个水落石出。18岁的儿子平安到达杭州，按理应该表扬鼓励。但左宗棠不是，他还要去信问江西巡抚、沿途州县长官，了解儿子行程的点点滴滴。当得知儿子经过弋阳至广信时，正值湖州的太平军败窜至此，而孝威若无其事，从太平军眼皮底下放胆经过。左宗棠被吓得不轻，接连几个晚上都在担心这件事。

成事不说，既往不究，为过去可能遭遇的危险担心，左宗棠此举，看上去已有点迂腐可笑。左宗棠当然意不在此，他担心儿子如此粗心与鲁莽，照此发展下去，将来不摔跟头则已，一摔恐怕再也爬不起来了。

客观地说，孝威确实有点懵懂与幼稚。但平心而论，我们也能理解。一个才满18岁的青年，能成熟稳重到哪里呢？父亲的担心也没错，如果孝威不幸被太平军捉住做了人质，左宗棠敢不听任太平军摆布吗？换了谁都会后怕。所以左宗棠必须指出来，让儿子明白下不为例。

问题的核心不是父子谁更在理，而是左宗棠与儿子交流的方式、方法可能出了问题。如果左宗棠点到为止，也就皆大欢喜，但他习惯性的批评又来了："言动之间童心未化，虽无大谬可指，却无佳处可夸。"孝威17岁能中举，天资当然不错，属于"响鼓不用重锤敲"的类型，看到父亲如此凌厉的批评，最可能的感受是无所适从。

左宗棠之所以如此严苛，在于孝威是长子。长子是父亲毕生事业的继承人，寄托着父亲未来的全部希望，做父亲的哪敢放松大意？！

此外还有一个原因，孝威出生太晚，年龄过幼。左宗棠20岁结婚，虽不算早，但也不晚。长女孝瑜此时已经31岁了，比曾国藩的长子曾纪泽还大6岁。但古人认为，女儿无法传后，所以家族传人得从长子算起。左宗棠34岁时孝威才出生，父子年龄差距太大，童蒙的儿子总跟不上成熟父亲的步伐，达不到父亲的要求。换句话说，如果孝瑜是儿子，就理想遂心多了，左宗棠可以带着儿子一起成长，而不是像现在这样，父亲已经很成熟了，儿子还童蒙青涩，弄得左宗棠总有这种"小头儿子，大头爸爸"式的苦恼。

二、"以书化人，人书一体"

左宗棠盼儿子去掉童心，早早承担起"家督"的责任，因此他对孝威的要求，到了吹毛求疵的地步。孝威跟母亲在信中随口说了句"闽事当易了办"，左宗棠便批评儿子是"少年意气正盛，视天下无难事"。其实这句话是左宗棠自己在前面家信中说的，而且说过不止一次。

为什么孝威引用父亲的原话也有错？左宗棠的意思是，自己这样说是为了给家人宽慰；儿子引用此话，则显得年轻人口气大，轻率狂放。其实孝威未必不是想引用父亲的话来安慰母亲。左宗棠的严厉有点儿过头了。

当然，以"操心危、虑患深"教导儿子做人须谨言慎行，防止言出祸随，左宗棠的这个观点是对的，可以作为人的处世正道。

为了以事实论证自己的担心并非多余，左宗棠在信里说了一则实例：李云麟向朝廷上奏折担保的某事出了差错，慈禧太后一生气，撤去了他四品京堂的官衔。

李云麟1861年出任清军都统，驻军桐城、潜山一带。曾国藩对他评价很高，咸丰八年（1858年）正月十一日，在给九弟曾国荃的家书中曾这样说："李云麟之长短，亦颇与我相似。"与曾国藩唯一爱好抽水烟相比，李云麟一生没有别的爱好，就是酷爱山水，逢山必攀，遇水必游，遇险必涉。这次他向朝廷拍胸脯担保某事却摔了跟头，左宗棠替他惋惜。但官场沉浮是常事，其后他又被起用。1866年，李云麟出任塔尔巴哈台参赞大臣，兼署伊犁将军。

左宗棠自称"立品当如山有岳，持身要比玉无瑕"。他是一个追求完美的"零差错主义"者，用身边活生生的例子来警醒孝威，目的不是批评他，而是教他沉下心来，学点真本事。

上封信，父子俩还在争论"应试教育"与"素质教育"发生冲突时该怎么处理。这封信，左宗棠继续坚持自己的一贯意见，强调"寓素质教育于应试教育之中"。

左宗棠的意思是：八股文习的"四书五经"可以作为政治学；实学所习的知识、方法论可以作为技术学。以政治统领技术，则两者并行不悖。这无疑是一种远见。而孝威受父亲前些年只求"素质教育"的影响，开始固执地认为，"应试教育"与"素质教育"的矛盾不可调和，为了"素质教育"，只有放弃"应试教育"。

左宗棠觉得这个逻辑有点儿荒唐，怀疑儿子是"应试教育"

没学好，以"素质教育"来敷衍塞责。他不厌其烦地扭转儿子的偏见，试图将他引上正确的道路。

左宗棠看出儿子在知与行方面出现割裂，因此在此信中干脆跳出"素质教育"还是"应试教育"的非此即彼的理论争执，总结出一个读书做学问的根本道理：读书的目的是"以书化人，人书一体"。即将书本中的道理变成生活本能。如果做不到，则"书自书，人自人，八股自八股，学问自学问"，人书割裂，后果严重：站在"应试教育"的角度，中进士无望；站在"素质教育"的角度，学不到真本事。

这个观点其实也是"读破万卷，神交古人"的通俗表达。左宗棠随物赋形，从寓"素质教育"于"应试教育"中到"以书化人，人书一体"，其观点确实既新颖又深刻，今天读来仍予人以启发。

与孝同

字谕孝同：

　　肃孙之名既属重出，新得孙女更名律孙，纪出师之义可也。

　　哈密炎热异常，旬日已来，左胁左腿风团复发，不痒而痛，周令诊视，谓肝火甚旺，服凉剂不愈，继以大黄数剂，仍不泄动，比加服元明粉，乃略下两遍，所患乃觉轻减。现停元明粉亦止服过一钱，尚服大黄一二帖，即停止不服，当可复元耳。

　　宗概从未出过远门，不知行路之难，可传我意，请其秋凉速归。昭煦上年在肃一病几殆，容易调治痊愈，始得生还。此次复又来肃，意欲何为？若云学习公事，试自问可学何事？大营又有何事可学？我年七十矣，从未得子侄之力，亦并不以此望诸子侄。乃子侄必欲累我，一累不已，且至于再，何耶？可以此信给昭煦看，令其速归，勿许久留为要。宗概家贫远出，可给盘川银五十两。昭煦此来，准酌帮路费十六两。

七月以后天气渐凉，尔可奉生母挈眷回兰，细心读书，专意务正，免贻我忧。楷字总少帖意，是临摹欠工夫，亦由心胸中少书味耳。及时力学，尚不为迟。来禀内有"庶觉阴侵，稍可避暑"两语，"阴侵"两字殊不妥，"侵"或是"浸"字之误耶？

语云："秀才不中举，归家作小题。"盖谓多做大题则思致庸钝，词意肤泛，摇笔满纸，尽是陈言，何有一语道着？宜其不能动人心目也。要作几篇好八股殊不容易。多读书则义理不隔，肯用心则题蕴毕宣，而又于"法""脉"两字细细推寻，多求其合，乃可望有长进。若下笔构思尽归踹宽一路，将终身无悟入处矣。兹选定《四书》、诗题廿一道付尔，每月六课，自限一日完卷，寄阅。

六月初一日哈密大营书

父在观其志

就有道

先行其言

是亦为政

而耻恶衣恶食者

再斯可矣

今女画

吾亦为之如不可求

曰怨乎曰求仁而得仁

得见有恒者

人而不仁疾之已甚

孔子曰才难

如有所立卓尔

言之得无切乎

曰然则师愈与

子欲善

忠告而善道之

必世而后仁

如知为君之难也

如其善而莫之违也

抑亦可以为次矣

佳句法如何

青眼高歌望吾子

水中盐味得诗禅

重与细论文

同学少年多不贱

鞭心入芥舟

青灯有味似儿时

搔首问青天

渭北春天树

明月前身

百川学海

却望并州是故乡

一寄塞垣深

庖丁解牛

何时一尊酒

江上同舟诗满箧

绿满窗前草不除

自谓是羲皇上人

白云却在题诗处

王尊叱驭得忠字

明月入户寻幽人

读书有得，全在"法脉"

左宗棠带兵孤身悬于哈密绝地，亲戚仍北来攀附。

信中说道，不远千里找到甘肃酒泉行营来的宗概、昭煦两人，是左宗棠的侄辈，两人嘴上说是来军营学习军事的。左宗棠当然知道他们内心打的小九九。军营里有什么可学的呢？不过是想赚一笔钱，捞个一官半职罢了。

他仍以刚出山那会儿"传谕骂退"的方法，痛快直接地打发两人回湖南老家。念宗概家贫远出，赠他50两白银；昭煦家里不缺钱，象征性地给他16两白银当作路费。

左宗棠当时已经68岁高龄，哈密地气高寒，他南方体质在此地严重不适，导致身体大不如从前。雪上加霜的是，这段时间又患了风湿病。如果说，左宗棠中年时患上腹泻病是因为性格，老年患上风疹是因为感染，此时患上风湿病则是因为气候。哈密白天炎热异常，晚上寒冷无比，与湖南亚热带气候的反差巨大，年事已高的左宗棠哪里受得了！

大夫诊断后，认为此病起于肝火过旺。大夫先给他开了凉药，没有见效；又开出大黄，这是泻热毒、破积滞、行瘀血的药，仍不见效。看来这个军医的水平比较一般。左宗棠通《易经》、懂医学，于是不再烦劳大夫，自己开出元明粉药方，服了几次后，居然有所好转。

需要说明的是，元明粉即硫酸钠，它是一种有苦味的结晶状粉末，有吸湿性。可见左宗棠的病因确实是地气高寒。

身体好转后，左宗棠在前线部署战事的空隙，仍不忘关心孝同读书。

孝同上次给父亲写信，写了一个错别字，将"阴浸"写成了"阴侵"。孝威当年给父亲写信，将"醴陵"误写成"澧陵"，"何必"误写成"何心"，惹得左宗棠大发雷霆。这次左宗棠只是指出孝同的错误，并没有再大加批评，反过来建设性地告诉他正确的读书方法："多读书则义理不隔，肯用心则题蕴毕宣，而又于'法''脉'两字细细推寻，多求其合，乃可望有长进。"看来左宗棠终于想明白了：告诉儿子应该怎么做比批评他不能怎么做效果要好。

这个读书法其实也是左宗棠读书经验的夫子自道。对于"法""脉"两字，笔者的理解是，"法"即意旨、思想，"脉"指情感语态、思维方法。简单地说，"法"是指作者通过一篇文章，到底要说明一个什么道理；"脉"是指作者通过什么样的表达方式，准确地传达出自己要说的道理。这与左宗棠之前提出的"义理悦心，从容涵泳"、读书做事看重条理是一脉相承的。

左宗棠一旦提出一个想法，最看重的是实行，而且一定要落实到位。眼下，他抽时间亲自给儿子当老师，不但选定了"四书"，还自拟了21道诗题，规定孝同每月完成6道题，每道题限一天之内完成，写完后寄到哈密军营供他批阅。

左宗棠这种教育方法无疑再好不过了，他通过这些年来的教子实践，大概也意识到了，单纯说教收效甚微，只有亲自指点才能见效果。

孝同在四个儿子中天分最好，左宗棠决心不惜精力培养孝同，以免身后诗书断绝、门庭没落、家风不继。这也是孝同后来在左宗棠四个儿子中最有出息的又一个原因。

既防"懒惰"，又防"骄气"，左宗棠教你培养孩子养"三气"

现在，孩子最常见的毛病有两种：一是成绩普通的，凡事要父母督促，像挤牙膏一样，表现得处处懒惰；二是成绩优秀的，处处以自我为中心，骄傲自满。

"懒惰""骄气"是孩子最令人头疼的问题。如果遇到这方面的问题，你不知道怎么办，可以看左宗棠是怎么说的。

一、养"正气"，打好做人的底子

"养气"一说来自孟子。孟子说的"气"是指"浩然之气"。

什么是"浩然之气"呢？孟子说："难言也。其为气也，至大至刚，以直养而无害，则塞于天地之间。其为气也，配义与道。"意思是，气是人身上最重要的一种东西，它虽然客观存在，但看不见；虽然能感觉到，但说不出来。

清朝流行理学，如曾国藩是清朝有名的理学大师。阳明心学是明朝王阳明发展出的一个理学分支。左宗棠不是理学家，但他并不反对理学，他感兴趣的是先秦儒学，更确切地说，是先秦的《孟子》。

支撑起左宗棠一生行动实践的思想理论基础来自孟子。对于《孟子》，左宗棠不说倒背如流，至少想引用其中任一章节，可以信手拈来。说左宗棠是孟子的"私淑弟子"，说孟子与左宗棠是隔了两千年的一对师生，并不为过。

孟子的言论气势磅礴，逻辑严谨，观点犀利。左宗棠虽通读"四书五经"，但到底凭实学技术起家，所以他跟孟子又有点儿不一样。左宗棠的言论虽然也如孟子一样气势磅礴，但表达比孟子更接地气。

左宗棠曾评价自己的特点是"精明、节制"。他年轻时处处以诸葛亮为偶像，遇到问题能拿出锦囊妙计，所以他就更注重学以致用，不会成天捧一本《孟子》做考场的"背多分"，而要学用结合。

在清朝的环境里，左宗棠高明与过人的地方是：他将孟子的"浩然之气"适时做了时代化的更新，将其表述为"天地正气"。

什么是"天地正气"？指上合天理、下应良心的观念与精神。更加通俗地说，它就是我们民间的一句俗话——天理良心。

那么，人怎样修养、学习，才能有"天地正气"呢？左宗棠跟长子孝威说，人的成长分两个阶段：童蒙幼年，诚意、正心，防止自己的心思跑马、走神，修炼好童子功；成人之后，立于天地之间，做到刚强、正直，敢于担当。

这些内涵集中体现在左宗棠24岁那年自题于湘潭桂在堂西屋的一副门联上：

身无半亩，心忧天下；读破万卷，神交古人。

左宗棠跟儿子们说出其中的道理：人在16岁之前，比较幼稚，童蒙未开，学习知识过程缓慢，主要是长身体；到26岁之后，成家立业，人事渐杂，想拿起书本学知识，已没有多少时间。所以，16岁到26岁是求知问学的"黄金十年"。

16岁前，诚意、正心，打好了底子，立正了苗子，则一生坏不到哪里去；26岁前，学到了"四书五经"里的基本功，学好了做人这件事，则一生差不到哪里去。

如果底子没有打好，成年后就糟糕了，胚子不正，做什么都不对，一生只会不断地还债。不但已经养成的坏习惯很难再矫正过来，道德水平也很难再有所提升，毕竟江山易改，本性难移。

孩子打好做人的底子后，第二件重要的事情就是做一个有志气的人。

二、蓄"志气"，保持心态积极

左宗棠说，打好做人、做学问的底子，这只是基础；决定一生到底能有多大的作为，根本在于"志气"大小。

什么叫"志气"？

左宗棠的理解跟我们今天简单、粗略的表面理解有很大不同。

左宗棠说，"志"是一个人坚定的目标，"气"是一个人为实现目标所能有的心力，也即内心的动力。"志"一旦定了，不用再费心，因为它是固定的，所谓"有志者立长志，无志者常立志"，"气"则不然，它会随人心时刻变动。今天突然有冲动很想做某件事，第二天又突然不想做了；想同时做几件事，既想南京买马，又想北京求名，结果什么也没做成。

因为人心始终在流动与变化，所以人的"心气"最容易被环境扰乱，乱则飘，飘则散，散则无。用今天流行的话说，即忘记了初心。走得太远，忘记了为什么出发。所以，成功之人最重要的本领是能用"志"管住自己的"气"。

无"志"无"气"者是庸人，有"志"无"气"者是志大才疏的人，有"气"而无"志"者是隐士。

一般地说，"志"大的人，"气"也一定大，这种人尤其注意不让内心东奔西窜的气将自己的目标冲乱了。也就是说，不要胡乱任侠使气，一言不和就掀桌子。"小不忍则乱大谋"，立志在世上做成一番事业的有为青年，失败的原因也许各种各样，但根本的一点是"志"没有管住"气"。

左宗棠告诉我们，无论成年人还是孩子，只要能够做到"以志帅气"，无论能力大小，毕生总可以做成一件事。

打好了做人的底子，有了志气，保证心态始终积极、阳光，第三件要做的事情是凡事主动勤快。

三、培"盛气"，凡事主动勤快

怎样做到凡事主动勤快呢？左宗棠鼓励后辈要刚强。

他说："男儿事业，非刚不济。"

什么是男子汉的"刚强之气"？在左宗棠看来，刚强不是摆出一副西楚霸王的样子天天骂人。动辄骂人，那是暴气，色厉内荏、内心空虚的人才会这样做。不时摆出一副姿态来扮酷、装相的人，一副名士派头，人家表面不说，其实心里已经看轻了他，在暗地里笑话他。

真正刚强的人是敢于做别人不敢、不愿做的难事，是有能力担当起别人不敢或不愿担当的责任。左宗棠告诉儿子们，人在世上能不能做成一番事业，决定因素就看这口气的强弱。

人读书"养气"，稍不留神就会杂入"虚骄之气"，这最容易将自己带入两条歧途：一是"名士气"，二是"公子气"。左宗棠及早地在这两条路的路口为儿子们插上了警示牌。

孟子说："君子之泽，五世而斩；小人之泽，亦五世而斩。"左宗棠将贫寒之家奋斗成富贵人家，最担心后代子孙纨绔，他通过身边的师友看得很清楚，名人后代逐渐断脉，不外乎为"名士气"和"公子气"所害。

除此之外，还有一点不得不提防：恃才傲物。气盛的人，凭才气过人而顾盼自雄，往往会不自觉地陷入"傲气"。

怎样才不至让才气堕为傲气？

左宗棠拿自己做比方，跟儿子们说：我年轻的时候，看书一目十行，跟人夸耀自己眼力好，理解力强，在他人面前盛气凌人，至今想起来觉得自己可笑。自己当年那点儿本事算什么呢？只够在"同学群""朋友圈"显摆一下罢了，后来我翻开历史书一看，自己跟历史名人相比还差得远，赶紧收住吹牛，回家看书。

人可以有"盛气"，而不能滋"傲气"，左宗棠对此感触最深。

他晚年心得：自己之所以出人头地，多亏年轻时的"盛气"。年少气盛时牛皮已经吹下，自己又还没有达到目标，怎么办？逼自己多看书，练好本事再出来。

所以，尽管朋友多次提醒左宗棠，凡事话不要说得太满，他也不当回事。晚年，他仍始终如一地鼓励儿子们积蓄"盛气"。

在左宗棠看来，年轻人不要怕吹牛，不敢吹牛。他只是提醒儿子们，吹牛时不能有"傲气"。因为有"傲气"的人不讲理，自以为高明，人家早在心里笑话他，他还以为人家在表扬自己，这种人走到哪里都会招人怨憎，自取其辱。

"盛气"与"傲气"有什么区别呢？在左宗棠心中，"盛气"是一种挑战他人、挑战自我的"生气"，"傲气"是一种纯粹的显摆和炫耀的"骄气"。

"养气"还有一点不得不防：气盛之人，容易犯"过直"与"过勇"的毛病。孔子说："勇而无礼则乱，直而无礼则绞。"勇敢的人没有礼貌，就会莽撞惹祸；正直的人没有礼貌，就会尖酸刻薄。

左宗棠纠治这两种毛病的药方是"涵养需用敬"。也就是尊敬长辈，有礼有节。左宗棠少年时代虽然口出豪言，但尊师敬长从不含糊，他在贺熙龄老师面前从来毕恭毕敬，三十年后还专程赶去坟前祭拜恩师徐法绩。剿捻那会儿，他几次给青年的孝威写信，规劝他给福建巡抚徐树人写信注意格式、称谓、字体，严格遵循古礼，并提醒他，对于自己家庭与个人的荣耀，在别人面前"少说话，莫高兴"。只要对长辈心敬，对未知保持敬畏，年轻人气盛又有何妨。

然而，内心气盛之人的性格往往有"粗豪"的毛病。怎么医治呢？

左宗棠的办法是：平时有意识地做好生活小事，在琐细小事中锻炼出平实的性格。

养好了前面三种"气"，后代繁荣有出息，就只需要交给时间了。

四、以"三气"兴家成效：后代近五百人，有成就者数十人

晚清时，连年战火扰乱人心，工商业的发展也诱惑着人们去争利，世道人心日益昏乱。"气"是阳光的，也是阳刚的，在人心昏乱的时代，它是一道亮光，一座灯塔。

左宗棠凭借诸葛亮式的智慧，全方位、多角度、立体式地挖掘了"正气、志气、盛气"的正面价值，同时堵住了"养气"可能带来的一切漏洞。他独特的教子方法在他身后日益现出显著成效。

长子孝威17岁乡试考中举人，成为湘阴左氏宗族约七百年里最年轻的举人，其时轰动湖南。这位心性向往自由的才子，虽然在28岁时不幸去世，但其名已在湖南流传。

次子孝宽则按照左宗棠"敦厚长者"的要求，承担起繁荣家族的重任，将左宗棠的家规、家训力行于后人，其四代孙女左焕琛做过上海市副市长、中国农工民主党十三届中央副主席，她完满地践行了左宗棠"慎交游，勤耕读；笃根本，去浮华"的家训。

三子孝勋继承父亲的福荫，担任朝廷部门主事。

四子孝同成年后跟随父亲数年，得左宗棠真传，官至江苏提法使，后兼署江苏布政使，相当于今天的省委常委。

左宗棠后人至今已历七代，左氏后代约两百人，加上四位女儿的后代，则近五百人。其中以医生、工程师、化工专家、农学专家、大学教授居多，全国卓然有成者数十人，规模之壮，人才之强，不但晚清同时代无人可比，即使在几千年的湖南史中，也蔚为壮观。

第三辑

左宗棠教子：做人九道

｜咸丰十一年（1861年）五月十二夜

与孝威

孝威知之：

　　朱少春、彭立凰来营，得尔四月十四日禀件，一切
具悉。

　　尔母脚气虽愈，然频年必数次举发，近时举发更勤。
衰老之年气血虚耗，非药饵扶之不可。上年我东行时，以
四百金留之家中，除付二百金交翔冈办劈山炮，所存仅二
百金。自为尔完婚后，此二百金必已用尽无存。前信托黄
南坡代挪二百金付家中，备尔母药饵及先生岁脩之用。嗣
有信属尔勿往取，即南坡送来亦不可受当速还之，千万千万。
家中缺用，可于少云处通挪，候我寄还。如少云处有银可
借，暂借二百金，庶药饵不缺，病可速痊。邹君方既已见
效，每日一帖，不可间断。此尔与新妇事也。每岁我于薪
水中存二百金为宁家课子之费，上年曾见之公牍，不可多
取欺人。家中除尔母药饵、先生饮馔外，一切均从简省，
断不可浪用，致失寒素之风，启汰侈之渐。惜福之道，保
家之道也。

阅尔屡次来禀，字画均欠端秀，昨次字尤潦草不堪，意近来读书少静、专两字工夫，故形于心画者如此，可随取古帖细心学之。年已十六，所学能否如古人百一，试自考而自策之。古人云："少时不学老时悔。"此语可常玩味，勿虚掷韶光为要。读书不为科名，然八股、试帖、小楷亦初学必由之道，岂有读书人家子弟八股、试帖、小楷事事不如人而得为佳子弟者？勉之勉之！毋使我分心忧尔。

兵事一切毋须数数问及，我有事饬尔办理可遵命行之，否则不必理会如刘竹亭、吴翔冈处何必数数往来。亲旧家佳子弟极少，尔此时在塾读书，亦非讲交游结纳之日，一切往来应酬可省则省，万勿效时俗子弟专在外面作工夫也。切记，切记！

乐平诸捷，化险为平，全赖梅村、克庵及诸将士之力，乃公何力之有？顷奉谕旨褒嘉，并颁赏搬指、翎管、小刀、火镰、荷包等件，望阙叩头谢恩，感激欲涕。我以一书生谬忝戎务，频年忝窃非分，洊擢京卿；兹又特承异数，赐予骈蕃，为自古草茅下士所无之遭际。国恩高厚，报称为难。时局方艰，未知攸济，亦惟有竭尽心力所能到者为之，期无负平生之志而已。

贼势外肆中枵，非必不可了之事。惟军兴既久，饷绌日甚，我军欠饷三月有馀，刻忧饥乏，有时事机必赴而运掉不灵，无如之何。幸诸将士相从日久，知我无丝毫自利之心，尚不至十分迫索耳。儿辈在家，知乃公行间艰苦，必不敢安逸享受，当益刻厉自修以慰我意也。

仲父何时返长沙？事多，不及时作家书，如询近状，可即以此呈览。

五月十二夜父字景镇大营

周庆既不可用，不必令其前来，前已谕及矣。

教子当家三字诀："俭、静、专"

15岁的孝威要结婚了，新娘是贺熙龄的三女儿。

这门亲事在孝威刚生下来时就定下了。

贺熙龄长左宗棠24岁，是左宗棠在城南书院的老师。贺熙龄1846年去世，当时孝威还是一个不会爬的婴儿。老师跟学生主动提"娃娃亲"，虽有两江总督陶澍的先例，但总有点拉不下面子。贺熙龄选择以临终前交代后事的方式，在遗嘱中托丁秩臣、罗泽南做媒人，当面转告左宗棠。

一、结婚从俭，婚礼从简

儿子的婚姻大事，碰上自己缺银子，真是要命。左宗棠对此倒不怎么当回事，严格限制婚礼规模，随口说了句"就用我上次存剩的二百两银子"了事。可想而知，这个婚事办得多么朴素。

古人一生十分看重的礼事有两件：一是结婚，二是丧事。读书人家没有不严格遵守的。结婚是一件花大钱的事情，以左宗棠的地位，儿子结婚花万儿八千两，不算奢侈，花二百两只能叫"俭朴"。

　　对待礼事，左宗棠不是马虎、抠门的人。父亲左观澜去世时，左宗植26岁，左宗棠18岁，兄弟俩都还在长沙读书，可以说是身无分文，但为了让父亲得到读书人应有的尊严，兄弟俩东挪西借，花了几百两银子，将丧事办得比较隆重。其间虽收到不少亲戚随礼，但办完丧事一算账，还是亏了二百多两。类比来说，这相当于今天一个失去双亲的贫困大学生欠下十万块钱巨债，压力可想而知。

　　这笔欠账直到1832年兄弟俩同时考中举人，接到族人、亲戚、朋友大笔礼金，才还清。

　　孝威虽然还没有举行"冠礼"，但结婚了就算成年人。左宗棠开始具体教儿子在生活中孝敬母亲的礼节，规定家中开支的总体原则是节省。但有两样一定不能省：一是给母亲治病的钱，二是给私塾先生的伙食费。其他生活开支，自己看着办，能将就则将就。

　　左宗棠有意放手锻炼儿子，说"此尔与新妇事也"。这是提醒儿子，你不再是少年了，是有家室的人了，今后不但要学会处理夫妻关系，还要逐步学会处理家族关系、社会关系，左家这个家最后还得你来当，不上进可不行。

二、凭"静、专"早当家

　　儿子长大了，父子俩的观念第一次发生碰撞。

　　左宗棠教儿子学真本事，不要图举人、进士虚名，其方向是对的，本意是好的。而孝威误读了他的意思，干脆将科举考试的必备科目八股文、试帖、小楷一律放弃。这让左宗棠心里窝火：这孩子怎么总是走极端？

今人对八股、试帖已经十分陌生，因为1905年科举被废除后，这些内容随之销声匿迹。下面解释一下八股文，方便我们更清晰地看到父子观念冲突的实质。

八股文正文由八个部分组成，依次为破题、承题、起讲、入题、起股、中股、后股、束股，其题目一律出自"四书五经"原文。这种文章形式僵硬、内容空洞。有人说，中国传统有两样被抛弃得最彻底、最没有争议：一是科场的八股文，二是女人的裹脚布。

试帖指在试卷上抄录一段经文，再用一张其他的纸覆在上面，中开一行，显露字句，被试者即据以补上下文，类似今天高考试卷上的诗文填空题，考的是死记硬背功夫。

小楷顾名思义，就是手写的小的楷体字。古代科考首考书法，书法不过关，文章再好也要受影响。古代但凡进士，都写得一手漂亮好字。朝考状元、翰林，第一注重书法，尤其是状元、翰林，个个都得先做书法家，不像今天，许多人已握不稳毛笔，离开电脑有的字已经不会写了。

重视书法缘于传统文化重视人心，而书法就是人内心最直观的一幅图画。练习书法，可以静心，锻炼个人气质、涵养、风度。不唯"静以修身，俭以养德"，古人说"每临大事有静气"，正心于静，为成事之本。再加上古代没有电脑和打印机，书信、奏折、札记等全靠手抄，如果小楷不过关，写的字像鬼画符，这样的字要认出基本靠猜，做官发文件容易误事。所以，古人花再多时间习书法，也不算浪费时间。

平心而论，八股文、试帖、小楷虽然弊端很多，但作为读书人的入门训练，并不全都一无是处。左宗棠说："读书不为科名，然八股、试帖、小楷亦初学必由之道，岂有读书人家子弟八股、试帖、小楷事事不如人而得为佳子弟者？"就是说，八股、试帖、小楷的基本功还得练，泼掉一盆脏水是对的，你不能连盆中的白胖小子也一起泼掉。这无疑比较中肯。

针对孝威存在的问题，左宗棠开出两服药方："静""专"。

"静"的反义词是"躁"，"专"的反义词是"杂"。作为"富二代""官二代"，孝威与今天的青年一样，看到外面的世界很精彩，内心也时刻在躁动。因为他心神不定，读书东一榔头，西一棒槌，所学知识便杂乱无章。左宗棠不愧做过渌江书院的主讲，一眼便看出儿子的症结，将药方开得准确而及时。

信末可看出左宗棠不动声色的智慧：要孝威主动将信送给二伯父左宗植看，托辞是没时间给二伯父写信。古人写家书耗时费神是实，但要二哥看写给儿子们的家信，显然于礼不合。左宗棠以"孝、礼"教子，不可能不明白这个道理。

左宗棠为什么还要这么做呢？

他的真实用意恐怕是要左宗植按照信中所说，严格监督侄子孝威。左宗植是聪敏的读书人，1832年考中湖南乡试第一名（解元），不可能领会不出季高（左宗棠的字）老弟这层意思。

| 咸丰十一年（1861年）六月廿三夜

与孝威

霖儿知之：

意城二叔处寄到家书，知近状平安，为慰。

家中所寄各书物均收到。周品恒赍送御赏各件回湘，附寄一信，想已收到。尔母脚气渐瘥，甚为欣慰。然暑月服峻剂，未知是否相安也。新妇名家子，性情气质既佳，自易教诲。但尔幼年受室，于处室之道毫无所知，恐未知所以教也。孟子曰："身不行道，不行于妻子。"修身为齐家之本，可不勉哉！

读书先须明理，非循序渐进、熟读深思不能有所开悟。尔从前读书只是一味草率，故穷年伏案而进境殊少。即如写字，下笔时要如何详审方免谬误。昨来字，醴陵之"醴"写作"澧"，何必之"必"写作"心"，岂不可笑？年已十六，所诣如此，吾为尔惭。行书点画不可信手乱来，既未学写，则端正作楷亦是藏拙之道，何为如此潦草取厌？尔笔资原不差，从前写九宫格亦颇端秀，乃小楷全无长进，间架笔法全似未曾学书之人，殊可怪也。直行要整，横行要密，今后切宜留心。每日取小楷帖摹写三百字，一字要看清点画间架，务求宛肖乃止。如果百日不间断，必有可观。程子作字最详审，云"即此是敬"，是一艺之微亦未可忽也。潦草即是不敬，虽小节必宜慎之。

东征局未收之一千七百馀金暂存成静斋兄处。吾意以五百金赙罗近秋，二百四十金赙史聿舟，二百金赙陈明南，百金赙赵克振，二百金还吴翔冈劈山炮，二百四十金还少云，馀仍存静斋兄处候拨。

史聿舟之兄来，此人尚老实，然无他长，伊亦求归，遣之为是。大约廿五六始归，我另有信交他带回也。

辉楚已来，留此当长夫。营中无好模样，又易懒惯，故我不欲子侄来营也。数月后当仍遣其归。

此间欠饷已四月，近复大疫，困惫难堪。去冬由湖南窜江西之贼，今复从福建汀州窜至广信各属。李秀成一股又分窜南康府各属，章门亦颇震动。日间羽书络绎催援，无以应之。涤翁属增募二千馀，足成万人，以便调遣。吾以饷项艰难，未之诺也。

佑生来时并带其妻兄刘某来，殊不晓事。此子亦恐不能有所成就。周庆暂安置军装局，如察有毛病，当即逐之。

少云是否还淹中？艾生已同去耶？白水洞屋闻已遣人

修理，然此时似可不急搬回耳。

文方伯丁外艰，已作书唁之。如有祭幛可搭分者，即入我名为要，可问郭二叔及李仲云兄。

六月廿三夜父谕

做文与办事：一艺之微，亦未可忽

今天收藏界将左宗棠的书法奉为上品。对外行来说，怎么品鉴左宗棠的书法呢？左宗棠在信中自道风格："端秀"。即端庄、秀丽。

在这封信里，左宗棠与儿子详细说起了书法。这封信从书法切入，作为打开儿子心门的一扇窗口。

一、小错必惩，但求精准

左宗棠说，"字为心画"。落在纸上的文字是人内心的一张图画。"端秀"两字是左宗棠的"心画"。端庄指品行，秀丽指神韵，集中国南北文化精华之妙。北方文化"端庄"，但一味端庄下去，就成了"呆板"；南方文化"秀丽"，但秀丽到底，就成了"柔媚"。端庄中有秀丽，秀丽中见端庄，是左宗棠书法的精髓。这是品鉴左宗棠书法的入门钥匙。

儿子的来信，不但书法潦草，而且连写两个错别字，将"醴陵"的"醴"写成了"澧"，"何必"的"必"写成了"心"。

左宗棠对此很不高兴，敲打儿子赶快改正。

这是在小题大做吗？

左宗棠有一段名言："粒谷必珍，富之本也；只字必惜，贵之原也；微命必护，寿之根也；小过必惩，德之基也。"

"只字必惜，贵之原也"，就是珍惜笔下的每一个字，这是人立文品、文德之根。写文章的人都有过这样的经验：尽管已经十分谨慎，笔下还是容易出错别字。读过文章的人多有这种体会：正看得入神，陡然冒出个错别字，心里"咯噔"一下，对作者的印象不知掉了几个档次。更糟糕的是，读者可能对整部作品开始不放心，老怀疑其他地方还有问题。

不放过小错小过，是基于中国那句老话——"千里之堤，毁于蚁穴。"

左宗棠习"实学"的精确技术思维是当时国人所稀缺的。中国人追求"运用之妙，存乎一心"，有的厨师配盐，只有"少许""酌量"等模糊概念，没有具体的数字。将一吨黄金移动1米，容易做到，但移动1毫米，没有人可以凭手工做到。世上最难做到的事情是精确。

因此，"零错误""零失误"是一种追求的方向。如果放弃，则松之一寸，退之一尺；差以毫厘，谬以千里。所以左宗棠在信中说："一艺之微亦未可忽也。"

"艺"在古代指技能，"六艺"即礼、乐、射、御、书、数六种技能。

二、拼命办事，不谋关系

左宗棠在此信中开始尝试教儿子处理公事。他从军营里拨款，安排孝威"五百金赙罗近秋，二百四十金赙史聿舟"。

"五百金""二百四十金"分别是楚军营官与哨官阵亡的抚恤金标准。哨官不及营官的一半，可见其标准是根据将领的实际作战贡献而定的。

在处理公事上，左宗棠懂得《易经》的平衡之术。为了弥补对史聿舟的抚恤过薄，特批其兄史翰舟入军谋职。这事实上是给史聿舟兄长一条"财路"，只是台面上不能这么说。但史翰舟其人过于老实，能力欠缺，无法胜任军队灵活机动的工作，左宗棠只好又给他六两银子，将其打发回家。史家人应该没有什么可埋怨的了。

妻子曾向左宗棠推荐周庆，左宗棠推不掉，将他暂时安置在军装局，搞后勤服务。正是这样事必躬亲，点滴精准安排到位，左宗棠才能既照顾人情，又不影响楚军的战斗力。

| 同治元年（1862年）闰八月二十一日

与孝威

孝威知悉：

前日寄一函由郭二叔转递。甫发数时，即接中丞及郭二叔书，知闰月初六日榜发，尔竟幸中三十二名，且为尔喜，且为尔虑。古人以早慧早达为嫌，晏元献、杨文和、李文正千古有几？其小时了了、大来不佳者则已指不胜屈，吾目中所见亦有数人。惟孙芝房侍讲稍有所成，然不幸中年赍志，亦颇不如当年所期，其他更无论也。天地间一切人与物均是一般，早成者必早毁，以其气未厚积而先泄也。即学业亦何独不然？少时苦读玩索而有得者，皓首犹能暗诵无遗。若一读即上口，上口即不读，不数月即忘之矣。为其易得，故易失也。尔才质不过中人，今岁试辄高列，吾以为学业顿进耳。顷阅所呈试草，亦不过尔尔，且字句间亦多未妥适，岂非古人所谓"暴得大名不祥"乎？尔宜自加省惧，断不可稍涉骄亢，以贻我忧。

朱卷自宜刻印分呈宗族亲友。有送贺仪者无论轻重一概受之，写簿确记，遇有庆吊之事照数酬答。诗文均请伯父改正，免人批评。

此信到时，想已见过主考房师矣。主考房师别号姓名可问明告知，以便作信谢之。我家虽寒薄，然外人必不体谅，太涉菲薄似不近情，只好勉强应付。一切问郭二叔、李仲云便得主意。

朱卷履历自须刻之。自我曾祖仁乡公以下至我父母均已咨请封典，京官任内加一级则从二品也。本支名字亦宜详载。

新例：中式后必赴京复试。尔年尚小，难受北道风霜之苦，且学业平平，明岁仍不须赴都会试。查京官二三品以上子弟得举，应具折谢恩，但未知外官何如。如必须具折，我拟即将暂不能赴都、随侍军营以便教训之意入告，或邀俞允。

尔昨抄录闱作，字画潦草太甚，且多错落，又未习行书，随意乱写，致难认识，殊不喜之。嗣后断宜细心检点，举笔不可轻率也。

谒祠、扫墓之礼自不可缺。族间光景甚苦，公项已无存留，一切可自备之，以数十缗为度。祠中可贴一挥："奉到浙江大营来谕，明岁且缓北上，凡宗族亲党惠赠程仪者概不敢领。孝威敬白。"庶免人家预备。谒祠、展墓礼毕，即赴湘潭外家谒外祖母及各尊长，来往以十日为度。长沙诸亲友处亲送朱卷，数日了之。此外可无须酬应。

朱卷以数十本为度<small>官场不必送卷</small>，同年须酬应者自宜周到，但非其人不可亲昵。近来习俗最重同年，其实皆藉以广结纳耳，我素不取。当得意时最宜细意检点，断断不准稍涉放纵。人家当面奉承你，背后即笑话你。无论稠人广众中宜收敛静默。即家庭骨肉间，一开口，一举足，均当敬慎出之，莫露轻肆故态，此最要紧。

今年秋初吴都司归，曾寄薪水银二百两，此次未免又增一番用度。除却应用各项不宜太省，此外衣服等事概宜节之又节，免我远地牵挂。如实不敷，亦只准再寄百两。兵已缺饷七月，我岂可多寄银归耶？尔母病体稍愈否？衰老之年，药饵不可缺。近因省钱，故不服补剂，尔等当亦有所窥。省却闲钱，或可供药饵之资耳。

闰八月二十一日父谕

与其"早慧早达"，不如"大器晚成"

上封信发出才4天，左宗棠就从郭昆焘的信中获知儿子高中举人，位列全省正榜第32名。

这是一个很不错的成绩。回想30年前，20岁的左宗棠曾以副榜第一名，正榜第18名的成绩中举。父子俩同为举人，这在左氏家族中是破天荒的。祖上从江西迁居湖南500余年，只出过七代秀才。

中举难度跟现今类比一下就清楚了：清朝考中举人，相当于20世纪80年代考上高中，今天考上硕士研究生，且录取率比现代低得多，考生必须考进湖南省前50名。也就是说，在湖南14个地州市中，须考进全市前3名，才有望得中。

孝威少年中举，不排除有父亲的人情因素，但主要还是靠实力，他的天资毕竟不错。

天资也许确实有一些遗传。四兄弟同父异母，孝威是周诒端所生；孝宽、孝勋、孝同是张茹所生。张茹是周诒端的丫鬟。孝威天资确实高于孝宽、孝勋。都说长子像母，长女像父，事实也是如此，孝威像周诒端，孝瑜像左宗棠。

左宗棠是一个居安思危的人。前段时间猜测儿子没考中，他高兴；现在儿子真的高中了，他却不无忧虑。青少年血气未稳，若得意时夸奖，他还不飘到天上去？

左宗棠尝试与儿子说清一个道理：早慧早达与大器晚成，到底哪个靠谱。

中国人的惯性思维是早慧早达好。作家张爱玲有句名言："出名要趁早。"

古人对早慧之人似也津津乐道。

孔子第20世孙孔融聪明机灵，名声在外。10岁那年，他跟父亲到洛阳后，单独去见司隶校尉李元礼，走到府门前，守门人问其姓名，孔融说："我是李太守的亲戚。"

李太守犹犹豫豫地接见了他，纳闷地问他："你和我真的是亲戚吗，我怎么不知道？"孔融答道："怎么不是？我的祖先仲尼（孔子）和你家祖先伯阳（老子）是师生，可见孔李两家是世交。"同屋宾客听后大为惊奇。

恰好这时，一个叫陈韪的太中大夫来到，不无嘲讽地说："小时了了，大未必佳。"意思是这小鬼现在倒是很聪明，长大了可不一定。孔融立即回敬说："这么说来，陈大夫小时候一定很聪明。"陈韪被反问住了，张口结舌，半天说不出话来。

古人推崇早慧早达，也因生命短暂。据历史学家考证，古人平均寿命仅35岁左右，即使皇帝，命也不长。有人做过一个统计，历代皇帝有确切生卒年月可考者共有209人，这209人的平均寿命为39.2岁。生命如流萤，似流星，再不聪明就老了，再不发光就死了，所以古人为出名急煎煎。而国家卫健委发布的《2019年我国卫生健康事业发展统计公报》显示，2019年居民人均预期寿命已经达到77.3岁，活到80岁时定睛一看，周围多的是90岁的老人。

长寿让人有充足的时间"跑马拉松"，为什么非要做"短跑冠军"呢？

左宗棠明确反对早慧早达，他举出三点理由：

第一，早慧容易让人自视甚高。世上不排除有绝顶聪明的人，也不排除有智慧全不开化的人，但这两种人占极少数。绝大多数的人，先天智商差不了太多，所谓"天地间一切人与物均是一般"，单靠智商功成名就，往往做不到。

第二，决定人一生成绩大小的是人生历练、知识积累。早慧者既缺少生活历练，又缺乏知识积累，靠着父母给的那点老本，早早将本事用出来，在应该积累知识的年龄却先泄尽元气，往后就很难跟上，这是"早毁"的前兆。

第三，无论读书还是办事都遵循一个规律：难以得到的东西，难得失去；容易得到的东西，容易失去。在漫长的人生中，最后能得到的都是你积累后必得的东西；不属于你的，终归会抛弃你。厚积薄发、博观约取是成功的不二法门。

基于此，左宗棠主张大器晚成。对这个主张，他终生都没有变过。

1865年，身为闽浙总督的他，认真地自我总结大器晚成的规律："古人经济学问，都在萧闲寂寞中练习出来。积之既久，一旦事权到手，随时举而措之，有一二桩大节目事办得妥当，便足名世。"一个人积累数十年闲书与杂书的知识，在这世界上办成一两件大事，就算成功，不要指望更多。

受古人早慧观念的影响，今人往往将大器晚成者看成先天笨拙者，这是不对的。

很少有人想过，左宗棠事实上是少年天才。他14岁考取秀才，两试全县第一。他20岁才中举，因守父母孝耽搁了6年，与水平无关。他三次会试失败，主要原因是他将精力全用在了实学上，再加上考场运气欠佳，粗心写了错字。何况，他第二次本考上了进士，仅因湖南超额一名被刷下。若论天资，同时代的湖南人才，大约只有胡林翼可与他比肩。

左宗棠的成功不是靠先天的资质与天赋，而是后天的挫折与经历。后天的遭遇让左宗棠在逆境中锻炼出扎实的办事能力，使他一步一步走向大成之境。

| 同治二年（1863年）正月初六日

与孝威

霖儿知悉：

郭叔处递到尔前后两书，一切俱悉。

所论重经济而轻文章亦有所见，然文章亦谈何容易。且无论古之所谓文章者何若，即说韩、柳、欧、苏之古文，李、杜之诗，皆尽一生聪明学问然后得以名世，古今能几及者究有几人？又无论此等文章，即八股文、排律诗，若要作得妥当，语语皆印心而出，亦一代可得几人？一人可得几篇乎？今之论者动谓人才之不及古昔由于八股误之，至以八股人才相诟病。我现在想寻几个八股人才与之讲求军政、学习吏事亦了不可得。间有一二曾由八股得科名者，其心思较之他人尚易入理，与之说几句《四书》，说几句《大注》，即目前事物随时指点，是较未读书之人容易开悟许多。可见真作八股者必体玩书理，时有几句圣贤话头留在口边究是不同也。

小时志趣要远大，高谈阔论固自不妨。但须时时返躬自问：我口边是如此说话，我胸中究有者般道理否？我说人家作得不是，我自己作事时又何如？即如看人家好文章，亦要仔细去寻他思路，摩他笔路，仿他腔调。看时就要着想：要是我做者篇文字必会是如何，他却不然，所以比我强。先看通篇，次则分起，节节看下去，一字一句都要细心体会，方晓得他的好处，方学得他的好处，亦是不容易的。心思能如此用惯，则以后遇大小事到手便不至粗浮苟且。我看尔喜看书，却不肯用心。我小来亦有此病，且曾自夸目力之捷，究竟未曾子细，了无所得，尔当戒之。

子弟之资分各有不同，总是书气不可少。好读书之人自有书气，外面一切嗜好不能诱之。世之所贵读书寒士者，以其用心苦读书，境遇苦寒士，可望成材也。若读书不耐苦，则无所用心之人；境遇不耐苦，则无所成就之人。如朱表兄、黎姊丈即前鉴也，尔当远之。

我在军中，作一日是一日，作一事是一事，日日检点，总觉得自己多少不是，多少欠缺，方知陆清献公诗"老大始知气质驳"一句真是阅历后语。少年志高言大，我最欢喜。却愁心思一放，便难收束，以后恃才傲物、是己非人种种毛病都从此出。如学生荒疏之后，看人好文章总觉得不如我，渐成目高手低之病。人家背后讪笑，自己反得意也，尔当识之。

闵鹤子先生处既送十二金亦可去得，以其为县试前列之师，非甚有异常知遇之感也。丁稚潢先生处已有回禀来，其赴陕皋时可往送行，不必送礼。刘克庵送四十金与尔，此间无所闻，当由我处还之。

黎婿此间无可位置，可转达之。浩斋先生所荐胡仙槎在常山办转运，大不安静，每日在外，于公事绝不留意，已革逐之。浩斋先生馆地此间无处寻觅，来信亦不及复矣。（此谕）

癸亥正月六日龙游城外大营

少年宜"志高言大"，中年宜"检点自省"

在这封信中，左宗棠用了一个新名词——"书气"。

笔者想起导演姜文在电影《一步之遥》中的一个名词——"锅气"。"锅气"就是"锅的气"。一碗面条，从滚锅里夹出来，离灶5步，就没了"锅气"。

"书气"不妨也作如是解。言谈缺少文化底蕴，则寡淡无味。古人说："言之无文，行而不远。""书气"不是书卷气，书卷气太文了；也不是书生气，书生气太迂了。它是人得书真传后的一种气韵、气感、气场，是出口成章，是腹有诗书气自华。

左宗棠在信里以"书气"来引导儿子。

一、为什么要鼓励年轻人？

从信中可以看出，晚清的湖南，拿读书装点门面的人为数不少，真读书的人却不多。怎么会这样呢？左宗棠将此归因于八股文框死了自由思考。

对于左宗棠这种真正读书的人来说，大权在握，急需用人，要找到一个有"书气"的人才，竟然如此之难。他只好退而求其次，到书卷气浓、书生气重的八股人才中找。装模作样读书的人，多少还能背出几句书，你跟他说道理，他至少还能领会；不学无术的人，根本无法沟通。左宗棠由此感叹："可见真作八股者必体玩书理，时有几句圣贤话头留在口边究是不同也。"

左宗棠24岁那年，写下"身无半亩，心忧天下；读破万卷，神交古人"的对联。孝威转眼17岁了，受父亲影响，谈吐也有点"豪气"。

怎么看待少年口出大言？一般的老师、家长倾向批评、压制。左宗棠认为这样做是不对的。正确的做法是：一方面充分肯定，一方面及时提醒。毕竟，年轻人学浅识短，即使是少年天才，面对巍然屹立的前人，也会有一种"侏儒感"。如果你问他，教书育人你能超过孔子吗？写诗作文你能超越李白吗？这样问会让他泄气。泄了气就只剩一条路——破罐子破摔。

打击年轻人总归是不明智的。前人对后人来说是一座高山，今天即使号称最博学的人，走进图书馆后也会发现自己读书太少。但人类文化之所以能够传承与创新，有时还多亏了人少年时的不知天高地厚。因为年少无知，自信心特别强，以为超过古人就是敲几下键盘的事。此时千万不要叫醒他，更不能打击、嘲笑他。少年一旦醒悟，自信心瞬间崩塌，前人的积累像山一样压过来，世上从此可能真的会多一个"文盲"。

人步入中年后，进取心往往不如青年人，动力与热情也不如青年人。

左宗棠在信中一方面充分肯定儿子，求学跟立志就应该口出"大言"，但同时提醒他：

第一，你读书时口里说的道理与心中想的道理，是不是一样的？

第二，你批评人家做得不对、不好，你是否有更好的方法？换了自己，可不可以做得更好？

第三，模仿是最好的老师，你能不能做到先弄懂前人，模仿他做对、做成一两件事？

这既不打击儿子的自信，又能给他具体方法。左宗棠的做法，无疑是正确的。

二、为什么要点醒中年人？

对少年懵懂无知的自信，可以鼓励。对中年人呢？

左宗棠认为，人到中年，就不能再如此了，而要及时打击、点醒他。

人到中年后，其性格、气质、才能已经完全定型。该碰的机遇，也碰过几次；能成功的地方，已经成功了；正在成功路上的，也在最后冲刺；至于屡战屡败仍一事无成的，需要的不是自信，而是反省。如果再摸着他脑袋鼓励他，不但不能培养出人才，反而可能培养出一个老顽童，北京话叫"苍孙"。

人到中年，初历沧桑，感到无论知道多少，总嫌不够；无论做得多好，总有欠缺。事业、家庭、生活、朋友都有了，慨叹人生是一门遗憾的艺术。用反省取代自信，可以将"无知的力量"转换成"知识才是力量"。毕竟，少年与青年还有试错的机会，中年人已没有多少错过重来的机会。

这些道理，左宗棠用一句"老大始知气质驳"概括了：中年人别跟青年去掺和，闭门自省才是正道。这也是提醒孝威，及时抓住青春时光，多读书明理，等将来有一天幡然悔悟，一切就都来不及了。

中年人闭门自省阶段就是人们常说的半桶水阶段："博不精，专不透；高不成，低不就。"过了这个反省阶段，便又能柳暗花明，更上层楼。

三、如何将"大言"变成事实？

年轻人如何将早年的"大言"变作成功的事实？

左宗棠做出示范：

第一，将早年放出的大话当作激励自己超越古代伟人的动力，如"读书稍多，始知从前之狂妄，盖就具所自是者，亦仅足以傲当世庸耳俗目，无足短长之人，其于古之狂狷，固未能望其项背也"。

第二，以大话自高其名，像诸葛亮早年每以管仲、乐毅自比，吸引高人注意，为自己创造机会，如"吾昔以一举人办天下事，气不高，何有济？今受朝廷倚畀重，方下心图之，敢自高耶?！"

从左宗棠本人蜕变的轨迹可以看出，成功不但要靠自己的实力，还要依靠高超的心路转换。一般的情况是，我们读历史或观察生活，容易产生一种错觉，觉得别人容易，只有自己不容易。果真如此吗？其实只是我们尚未了解别人。感受到别人成功背后的艰辛，自己距离成功也许才能更近一步。

| 同治二年（1863年）九月初三日

与孝威

霖儿知之：

得七月十三日信，具悉一切。

成涤泉既与席研香共事，未便调来。此君胆气血性均为吾所爱赏，惟于兵事则历练尚浅耳。张世兄两代同年，其人性情亦介直可取，已咨湖南调之。如无盘费，可由家中先付三十金与伊。江西各厘局已由涤相索回，彼间无可位置，来浙则可。李文学在李世颜幕病殁，已饬世颜有便送其枢回南，归时我亦当致赙。寒士因升斗之入送命异乡，亦殊可悯。惟世颜亦病甚，未知竟能归其遗蜕否。

今岁疾疫较上两年为甚，疟、痢、痧症死者，将士、兵勇、长夫合计不下数千，病弱骤难复元者几于十之七八。自我而外，芗泉、克庵、质斋诸君无不病者，营官哨长固无论矣。然克庵力保江皖，芗泉攻克富阳，各营于饥病之馀尚能出死力以诛盗贼，忠哉我军！我近为疟所苦，计五十馀日中乍凉乍热，殊不可堪。旬日来始觉稍稍痊愈，亦未尝服药以从前为药所误故，惟饮馔调补而已。

闽浙兵事方殷，而吾以衰年多病之身勉承其乏，殊为可忧。尔曹当念而翁之艰难辛苦，勤思保家保身之道，毋贻我虑。

闻尔今岁多病，心殊忧迫，思尔一见，而道远莫致。又以浙江兵燹之后，继以饥馑，加之疾疫俨同瘴乡委员物故者甚多，亦不欲尔急来，且俟杭城克复再议。

闻尔病根由倾跌受伤而起。现在读书高坡，常由屋后山磡跳掷而下，不顾性命，只贪嬉戏，殊不可解。《记》曰：孝子毋登高，毋临深，惧辱亲也。亏体辱亲，不孝之大者，尔亦知之否乎？吾年卅又五而尔始生，爱怜倍切；尔母善愁多病，所举男子惟尔一人，尔亦念之否乎？年已十八而举动如此，与牧猪奴何异？尔亦耻之否乎？此后如不悛改，吾亦不复念尔矣！

润儿今岁须与完姻。余三表伯于八月初一始由景德镇启程，计此信到时亦已抵长沙。

馀详前信，不复赘。

九月初三日父字严州城外大营。

汝充大舅在粤光景甚窘。尔四姐近有信来否？郭仁先叔现署广东巡抚，吾意欲拨与一二百金，且俟其到任再思兑拨之法。如长沙有便到广东，即先寄去亦可，禀商尔母为之。据我想来，尔四姐仍归湘为是。

父亲望"孝顺"，儿子盼"自由"

孝威最近发生了一件不幸的事：在山中读书久了，心生烦闷，他悄悄跑到白水洞的后山岗上爬坡跳高，不小心重重摔了一跤，伤筋动骨，而且回家后不停咳嗽，咳得吐血。

与孝威同在白水洞研究兼教授他学问的二伯父左宗植知道孝威摔伤后，吓得不轻，赶紧写信将实情告诉左宗棠。

左宗棠告诫儿子：偷偷摸摸冒险跳高，以致伤身害体，是不对的，这是"不孝"。没深没浅拿身体冒险，这是3岁小孩才做的事，因为"孝子毋登高，毋临深，惧辱亲也"。

恨铁不成钢，左宗棠又一次表现出了"论人太尽"的个性。他越写越生气，竟然批评儿子是"牧猪奴"，只配放猪。左宗棠申明，如果儿子不加以痛改，自己就不再想念他了。

左宗棠看问题准，骂人稳准狠，经常一句话将人骂到无地自容，这次再次如此，导致父子感情出现裂痕。

看到这里，读者不免纳闷，孝威不好好读书，为什么要去爬坡跳高呢？

左宗棠认为，这是儿子童心未泯，放纵贪玩所致。

果真如此吗？中间恐怕还真有"代沟"问题。

一、"孝顺"也会束缚"自由"

回看前些年的书信，我们会发现，左宗棠除了跟少年儿子谈血淋淋的战争，谈家国重任，就是批评与约束儿子。

然而，孝威与爷爷左观澜、二伯左宗植一样，属于性情平和、性格偏柔的人。左宗棠的刚直雄强，从家族血缘的遗传上看，属于"变异"。也就是说，儿子与他在气质上不是同一类人。

根据古人"肖子"的标准，左宗棠一直按自己的目标培养儿子：性格要刚，读书要致力实学，不能有"公子气""名士气"，等等。这等于要改变儿子的天性，孝威无疑难以做到。

但左宗棠规定孝威必须这么做。按古人的规定，嫡长子是"家督"，是未来的一家之主，父亲将一生的希望全部寄托在孝威身上，所以对他的约束特别多。孝威应该读什么书，什么时候参加进士考试，左宗棠都做了硬性规定。

左宗棠这么做，在当时再正常不过了。中国古人一代一代，全都是这么过来的。正因为如此，今天我们去分析父子观念的差异，才能得到一些启发。

站在儿子的角度，孝威名义上是官二代、富家子弟，生活上其实简朴到与平民无异，但却没有贫寒少年应有的自由。左宗棠15岁那年母亲去世，18岁那年父亲去世。他虽没有父亲庇

117

护，好歹可以自由成长。孝威碰上如此强势的父亲，自己读什么书，包括对前途的设计，既没有自由选择权，更谈不上自主。少年心事压抑，爬坡跳高只是为了释放。

孝威近来第一次拖延给父亲回信，左宗棠开始猜测是他到白水洞深山读书，信息封闭，交通阻隔，不便给自己写信。但事实并非如此。结合后面的家信，可以明显看出孝威已心生抗拒。父亲每次来信责骂自己的话那么狠，他的心大概比挨鞭打还难受。对这个给了自己生命，又无时不在倾心关爱自己的父亲，他既爱又恨。每次想到给严苛的父亲写回信，他心里未免有点儿害怕。错了字、句，他要挨批评；观念不合，他要挨批评；家事处理不合意，他还要挨批评。我们推测，此时他说不定还会有一点儿庆幸：现在去深山读书，免了被父亲遥控，岂不身心轻松?！

这是左宗棠父权过分行使造成的吗？一个半世纪前，左宗棠的这种教育观念属于时代主流。中国传统家庭文化的根基是"孝"。《孝经》有两个基本要求：一是"身体发肤，受之父母，不敢毁伤，孝之始也"；二是"立身行道，扬名于后世，以显父母，孝之终也"。这两个基本要求是说，人的每一块骨肉，每一根毛发，都受之父母，任何丝毫损失，都是不孝；光大门庭，光宗耀祖，才是最大的孝顺。

没有人敢否定孝道。孝道一旦不存，宗法观念也跟着瓦解，家族随之解体。从秦到清，我国的政治制度采用君主专制，经济制度采用土地私有制，社会制度采用宗法制，文化制度采用礼乐制，这使封建国家延续了两千多年。

二、今人如何继承"孝顺"？

读者也许会问：西方文化没有孝道观念，欧美人的历史是怎么延续过来的呢？

从氏族过渡到邦国时代，西方人选择以业缘、地缘取代血缘。他们由此形成一个"陌生人社会"，造就一个一个独立的"原子式"的个人。这些有着独立人格、自由意志的个人，统一平等于至高无上的上帝。他们维系社会的纽带不是情感，而是利益；他们规范社会秩序的利器，不是道德，而是法律。所以西方人动不动请律师，凡事找法律，要求公正公开公平，但也由此人情淡漠。

问题不在两种文化谁先进谁落后，因为文化没有进步与落后之分。今天去看，我们更关心的是哪种文化更适用于21世纪的中国。

现代市场经济体制培育出来的中国社会，"熟人社会"已经土崩瓦解，人的社会关系也在从血缘向业缘、地缘过渡，利益冲击道德，法律替代人情，这明显受到了西方文化的影响。今天国人的问题是"孝顺"遭遇"自由"，文化受到冲击。

进一步来看，要解决现实问题，现今应该强化国人的家庭观念，提倡孝道文化。中国人积累了两千多年的文化观念，一旦连根拔起，带来的不是福音，而是灾难。

左宗棠这对父子的矛盾也并非不可调和：左宗棠尊重孝威对未来人生的自主规划与自由选择，孝威尽孝道不做让父亲伤心生气的事，这样就皆大欢喜了。

但这是今人的观念，左宗棠与孝威不可能如此。

| 同治三年（1864年）八月初六夜

与孝威

霖儿览之：

接七月初十日书，具悉家中安好，新得一孙，足慰老怀。是月克孝丰，可名之丰孙，所以志也。乳足则无须雇用乳母，不可过于爱之。吾家本寒素，尔父生而吮米汁，日夜啼声不绝，脐为突出，至今腹大而脐不深。吾母尝言育我之艰、嚼米为汁之苦，至今每一念及，犹如闻其声也。尔生时，吾家已小康，亦未雇乳媪，吾盖有念于此。少云欲以第六女配丰孙，尔母欲俟十岁后再议，此甚有见。十岁后男女俱长，吾如尚在，当为订之。

壬叟入学，最为可喜。尔伯父望子甚切，而壬仅中人之资，得此固可塞责耳。

试馆明岁可改造，义学明岁可举行。究竟需钱若干，如何规画，尔来书不一言及何耶？义学之外尚须添置义庄，以赡族之鳏寡孤独，扩充备荒谷以救荒年，吾苦力不赡耳。带兵五年，不私一钱；任疆圻三年，所馀养廉不过一万数千金，吾尚拟缴一万两作京饷，则存者不过数千两已耳。

浙事了后，当赴闽一行。以一年度之，尚可馀廉泉数千。当请觐北上，即决计乞休耳。约略言之，俾尔知自为计。

尔意必欲会试，吾不尔阻。其实则帖括之学亦无害于学问，且可藉此磨砻心性。只如八股一种，若作得精切妥惬亦极不易。非多读经书，博其义理之趣，多看经世有用之书，求诸事物之理，亦不能言之当于人心也。尔初学浅尝，固宜其视此太易。今岁并未见尔寄文字来，阅字画亦无长进，可见尔之不曾用心读书，不留心学帖，乃妄意幸博科第，以便专心有用之学，吾所不解。曾记冯钝吟先生有云："小时志大言大，父师切勿抑之。"此为庸俗父兄之拘束佳子弟者也。若尔之性质不逾中人，而我之教汝者并不在科第之学，自不得以此例之。且尔欲为有用之学，岂可不读书？欲轰轰烈烈作一个有用之人，岂必定由科第？汝父四十八九犹一举人，不数年位至督抚，亦何尝由进士出身耶？当其未作官时，亦何尝不为科第之学，亦何尝以会试为事。今尔欲急赴会试以博科名，欲幸得科名以便为有用之学，视读书致用为两事，吾所不解也。大约近日颇事游嬉，未尝学问，故不觉言之放旷如此。尔欲由湖南赴京，亦听尔之便。吾以五年未见尔，故欲尔来浙，即由浙进京。已遣袁升带银归，并请余三伯挈尔同行。此信约月底可到，到时尔自定主意。

八月初六夜杭州书寄

寓"素质教育"于"应试教育"中

写这封信时，左宗棠升级做爷爷了。孝威妻贺氏产下一子，左宗棠取名"丰孙"，即左念谦。

孙辈开始出生，怎么规范家教，以正家风呢？左宗棠以家里最贫寒的时候做标准，建议儿子不要请乳母，这种自我约束能力，足以看出左宗棠已将儒学内化于心，其人格高于流俗。

操心战事之余，左宗棠的精力主要放在为族人、乡人办试馆、义学、义庄这些社会公益事件上。

"试馆"是古代科举考试时各地应试的人居住的场所。"义学"也称"义塾"，即靠官款、地方公款或地租设立的蒙学，免费供贫寒子弟上学。"义庄"则是旧时族中所置的赡济族人的田庄，包括学校、公田、祠堂等设施。左宗棠醉心于此，自己忙不过来，还安排儿子去帮忙。

孝威对此举显然没有多大兴趣，来信中回避了这件事。左宗棠有点儿不高兴了，所以跟儿子说：我虽然做了封疆大吏，但满打满算，只存了几千两银子，我打算办完手头的事，就申请退休，你们怎么办，我怎么管得了，你自己看着办。

左宗棠的本意是让儿子们不要对自己产生依赖心理。

孝威看后果然有了危机感：既然父亲靠不住，自己不趁早取个进士功名，往后的日子就不好说了。他一意要从湖南直接北上会试。

左宗棠看出了孝威这个心思。孝威违背左宗棠望其来浙相见的意愿，已让左宗棠不高兴。见孝威一心沉醉会试，想捞个进士功名，左宗棠又批评他为考试而考试，不注意真才实学。

这下可将孝威难住了：听父亲的话，会试很有可能打水漂；不听父亲的话，父亲会用家法管制自己。孝威只好敷衍父亲说：我也想按您说的一心学真本事，但总得先考取一个进士文凭，等拿到文凭后再学真本事也不迟。

不想这句话再次将父亲惹恼了。左宗棠的意思，"读书"与"致用"，"混文凭"与"学本事"，并不矛盾；混文凭时那些学写字、背古文的基本功也是真本事所必须的，为什么非要将一件事分成两件事？就是说，寓"素质教育"于"应试教育"中即可，为什么非将两者分得清清楚楚，截然对立？

科举制度出了问题，当年害了左宗棠，现在又让他在教育儿子上纠结。平心而论，一个18岁的青年，哪里能像父亲看得那么清，想得那么细？何况，科举制度有问题，孝威除了顺应，还能怎样？

事实上，左宗棠对八股文与科举制度的看法已有了些变化，导致其改变的原因是：幕府中的人才学历普遍偏低，他发现秀才中八股文作不好的，自己跟他们讲道理，他们也理解不了，倒是那些八股文作得还不错的几个举人，理解力还强些。因此他对科班出身的人的反感程度有所降低，对科举制度的认可度，有所提高。

左宗棠在素质教育与应试教育之间来回游走，这属于高难度操作。对儿子，他无疑过于苛刻了。除非将儿子带在身边"身教"，仅靠每个月的书信"言传"，而不能当面释疑解惑，又缺乏鼓励与监督，孝威怎么可能达到他的要求呢？

左宗棠自己也意识到了他的要求苛刻。毕竟，自己小时候说话口气大，"喜为壮语惊众"，现在18岁的儿子这方面也有点儿像自己。左宗棠以明末清初学者冯钝吟的话为自己辩解：年轻人口气大，千万不要压制。这话是对的，但有个前提条件：父亲水平差，儿子天资高。现在我水平不差，你水平不高，所以这个观点不适用于我们父子。

左宗棠这些话听上去也有些道理，但他没有意识到，在教育方式上，自己无形中又立下了双重标准。

做儿子的都希望能按照自己的意愿行事，不受父亲束缚。但做父亲的都希望儿子能按照自己的意愿行事，不要我行我素。所以强势的人往往有两副面孔：做儿子的时候，往往以倔强挑战父亲；等自己做了父亲，又总想控制儿子。

问题是，一个总在按照父亲意愿说话做事的人，固然肖父，但也难有什么大出息。这也是名门难出名子，而寒门多出英才的原因之一。"不肖之子"是国人骂人最狠的一句话，但放到成才上，这真不是一句应该否定的话。

子大不由父。父子间心理上微妙的裂痕再次出现，孝威害怕去浙江见父亲，借口要从湖南直接赶往北京。左宗棠接到书信后，心头掠过一丝异样，回复也有点赌气："尔欲由湖南赴京，亦听尔之便。吾以五年未见尔，故欲尔来浙，即由浙进京。"意思是我盼着你来浙江，不是一心想着要当面教育你，而是做父亲的5年没有见到儿子，想看看你最近长成什么样了。左宗棠的舐犊之情隐晦、深沉。在4个儿子中，左宗棠的一番心意与心血，大多倾注到了孝威身上。

| 同治四年（1865年）闰五月初七日

与孝威

谕孝威知之：

　　许久不得尔书，颇为系念。

　　闽事诸顺，全境肃清。见驻漳州，调兵入粤，仍勒兵境上，伺其窜入江西则急起截之，兼防其窜湘之路。琼诸逆或诛或降，仅止汪逆一股已不成气候，或可了也。

　　尔榜后已分何部？少年新进，诸事留心考究，虚心询问，借可稍资历练，长进学识。切勿饮食征逐，虚度光阴。每日读书习字，仍立功课，不可旷废间断。闻王老师清俭耐苦，人品心术甚为人所莫及，尔可时往请其教益。总要摆脱流俗世家子弟习气，结交端人正士，为终身受用，勿稍放浪以贻我忧。时政得失、人物臧否，不可轻易开口。少时见识不到，往往有一时轻率致为终身之玷者，最须慎之又慎。

　　直、东军务方殷，南归道梗，且俟秋凉再理行装，归时仍以取道浙江为便。

　　今日接家信，尔充舅及黎婿闻于四月廿六日起程来闽，行抵袁州，计在叛军过后，此时应已抵闽省矣。家中老幼均吉，尔母及尔姊弟辈均思来闽，然必江西无警乃可行也。

前由闽省银号汇寄八百两为本县公车程仪及应酬之费，想已接得，手此告知。

闰月初七日漳州大营

父亲想"圈养"，儿子盼"放养"

这封信为左宗棠给在北京等待会试放榜的长子孝威写的。

左宗棠写这封信时距离南京城被清军攻下已快一年了，但太平军的势头似乎不弱反强，有回光返照的现象。

最近有两件事让左宗棠十分扰心。一是总兵丁长胜四月二十二日兵败，被太平军将领谭体元一次吞并了8个营（每营500人，8营为4000人）。这样的恶战在楚军史上没有先例。

楚军出山之初，连取三大胜仗。之前最大的一次损失为1863年农历十二月二十六日，营官余佩玉陷敌包围圈，损失300余人。这次损失4000人，大约已超过了楚军自成立以来战死士兵的总和。所以左宗棠也扼腕苦叹："为频年未有之事。"

第二件事是收复福建时，军队深入荒山老林，遭遇后勤补给严重短缺。军粮时常难以买到，即使能买到，运输一石米，要花一石五斗米的运输成本。现场购米的价格为9千文，约8两白银，是湖南粮价的8倍。这种情境，多像后来收复新疆！

楚军是以农业劳动的方法训练出来的，特别吃苦耐劳，饿着肚子也能打仗，所以在福建的崇山峻岭间行军照样行走如飞。

正是因为每一点成绩的取得都极端艰难，所以左宗棠对得来的富贵特别珍惜。孝威从北京返回，一到家，他当即去信，不谈军事、形势、胜利，专心教育他为人处世的道理。

左宗棠说："时政得失、人物臧否，不可轻易开口。"也就是说，不要随便谈论时事、政治，不要信口评价社会名人。

这与左宗棠自己早年的经历完全反其道而行之。

左宗棠年轻时爱谈论时事、政治，他第一次会试期间，寄居在胡林翼父亲胡达源北京的家里，哥俩考试前不忙猜题押宝，专门坐而论道，分析时事，抨击政治。左宗棠在城南书院师从贺熙龄期间，评析顾祖禹、魏源的作品，不但指出他们的缺点，还提出自己的观点。

也许连左宗棠自己都没有意识到，他之所以能够成功，恰恰得益于青年时代谈论"时政得失、人物臧否"。谈论的过程中，他养成了一种很重要的能力——独立思考与自由表达。为什么自己得益的方法，却不许儿子学呢？这大概就是"初生牛犊不怕虎，生出角来反怕狼"。

做父母的通病：自己走过的弯路，不希望后人再走；自己受过的教训，不希望后人再受。左宗棠也未能免俗。问题是，没有这些弯路，没有这些教训，后人怎么可能成长得起来呢？世上从来没有从人生起点笔直走到成功终点的人。完全按照强势父母的思路，不过是鸟笼养鸟，马圈养马。实践证明，"圈养"不如"放养"。

古人讲究"易子而教"，看来是颇有道理的。真正有开创能力的人才，都有锋芒与缺点，他们通过自己的奋斗，往往可以从另一个地方冒出来。

这里也让人看到左宗棠过于小心谨慎、保守传统的一面。他竟然跟儿子说："少时见识不到，往往有一时轻率致为终身之玷者，最须慎之又慎。"这哪里像一个锋芒毕露、豪气干云者讲出来的话！钱基博评价左宗棠"豪雄盖代而敛之以惕厉"，可谓知言。

左宗棠凭能力在荆棘社会中取得成功，对自己来说是一种成功与证明，对家族来说是一种莫大的荣耀，但对教育儿子来说，不见得是一件好事情。在笔者看来，他的教育观念虽然大都有一定的道理，但条条框框实在太多了。

| 同治十二年（1873年）二月初一

与孝威

孝威知悉：

前闻尔上年八、九月病状，至十月以后始渐就痊可，心常悬悬。未知腊月初旬后复又何如，尔不以病状及所服药方实告我，虽是欲纾我忧，然我不得尔病状真实光景，翻多忧疑，并所云"渐就痊可"亦未能信。此后可将实在光景告知，切要，切要。

柳葆元告假回湘，曾附去燕窝、肉桂、阿胶、田州山漆数种，计到家当在二月中，此间别无佳药可寄。吐血亦是常有之症，大约由热燥得者易治，由气分虚者次之，至禀赋不足，由阴虚得此者，非自己加意保养不能复元。保养之方，以节思虑、慎起居为最要，饮食寒暑又其次也。读书静坐，养气凝神，延年却病，无过此者。体我爱尔之心以自爱，吾忧其少解乎。家务细琐可交孝宽料理，尔不必管。世俗酬应择要者亲去，馀亦交孝宽代之可也。

叔慈之子体气欠佳，乃母望其生儿欲就湖北馆地，情状可怜。我意伊母既是如此，湖北馆地亦可不去，还是由家中寄银为是每年与百馀金可也。季和已补宁朔，出奏尚未接部复，大约可先赴署任耳。二舅已移居县城，八十金足敷家用否少兰表弟何如？大舅家事直无从说起，只看其少子能否成立。尔母在日每以此为念，却不肯私地顾惜。然吾每一念及，辄不能释然也终吾之世，尽力顾之，以慰尔母，报尔外大母其可也。

族间欲建祠、修谱，前有信告尔，尚未接尔复信，可筹画以闻。

西事顺利，诸见奏章，慎以图之，当得百年之安。朝廷欲俟此间肃清，调两江补协办，上腊告病开缺一疏所以不得不上也。旋奉温旨，准假一月，而未允开缺之请亦实在无人可放，自不便再渎，且俟关内十分定妥，再申前请。现奉谕，两江已简放李雨亭宗羲，正月初六日降旨。盖知我不能去江南也。大约此间事定，秋冬必可乞休。

尔病纵全愈，进京似可稍缓耳。

二伯葬事已了，丁叟自己祔葬。

古人教子必有义方，以鄙吝为务者仅足供子孙浪费而已。吾之不以廉俸多寄尔曹者，未为无见。尔曹能谨慎持家，不至困饿。若任意花销，以豪华为体面；恣情流荡，以沉溺为欢娱，则吾多积金，尔曹但多积过，所损不已大哉！

戴敬翁以屋向卖，吾已诺之。丁果翁要三百金刻书，吾心许之。尔信来总未提及，何耶？

住屋修成，实费若干？勋、同婚事如何定议？丰孙体气何如？下次书来详之。

癸酉二月朔兰州节署

规避"父亲积钱，儿子积过"的陷阱

一、总督两江，埋好伏笔

在写这封信之前，左宗棠以"此地无银三百两"的方式告知朝廷，自己"不想"做两江总督。窗户纸已经被捅破，朝廷没办法闪烁其词了，只好顺势做出人事调整计划：等左宗棠交接陕甘事务完毕，即授予他从一品协办大学士头衔，调任两江总督。

事情发展到这一步，就更有意思了。左宗棠其实是无法现时赴任的，朝廷上下也都知道。毕竟，严峻的新疆问题就摆在眼前，容不得丝毫闪失。但朝廷必须摆出这样的姿态，以示尊重能臣。否则，过不了舆论这一关，而且会让办事者寒心，亦难以率领百官。

现在左宗棠将主动权握在手里了。他是怎么处理的呢？请假拖延。原本就去不了嘛！但这样来回折腾，并不是一个无用的动作，而是一个用心很深的策略：先在官场里造成自己现在就是两江总督第一候选人的舆论，为将来就任打下基础，埋下伏笔。朝廷会意，及时改任李宗羲为两江总督，于1873年正月初六颁发任命书。

这是目前情势下，左宗棠与慈禧太后都希望看到并能安心接受的最好结果。

二、"古人教子必有义方"

1873年是左宗棠的一个丰收年，他登上了此生第一个巅峰。在信中，左宗棠用一句"西事顺利"概括，平淡之中蕴含雄奇。

福祸相互倚依。这年，《易经》的"平衡法则"在左家出现：儿子孝威开始咯血。

咯血在今天不算大病，但当时卫生条件落后，人有个三病两痛很常见，比如曾国藩，后世称他"药罐子"，他常年靠药物调养身体。但中医着眼治本，疗效缓慢，人的病到底是轻是重一时半会看不出来。左宗棠以为儿子得的是常见病，并没有给予足够的重视。更不幸的是，孝威为了不让父亲分心，瞒着病情不报。

世上没有不透风的墙，左宗棠从亲戚的来信中辗转得知真相，心里"咯噔"一下，没底了。他感到问题有点儿严重，开始担惊受怕，但仍往好的方面想。

孝威瞒着咯血的事实，还有一个目的：想再次进京会试。因上次有了母病期间会试的不愉快经历，左宗棠这次明确不同意孝威进京会试。俗话说："知子莫若父。"父子血脉相通，对他的心事，能猜个八九不离十。

左宗棠建议儿子不要进京的真实意图，除了怕他病情加重，更主要还担心一点：进京免不了又呼朋结伴，胡吃海喝，万一会试不中，反染一身坏习气；留在湘阴读书，至少可以修养心性、增长知识，不至于被一帮损友带坏。

从左宗棠信中的语气可以看出，左宗棠对目前的教育效果是称心的，对自己的教育方法也还是满意的。他自称："古人教子必有义方……吾之不以廉俸多寄尔曹者，未为无见。"这是将自己与古代的教子有方者比较，声称自己有先见之明。

三、父亲不积钱，儿子少积过

在信中，左宗棠说出了一个很重要的家庭教育观点：只给儿子们提供日常的生活费，他们平时注意节约开支，则不至于饿肚子；如果寄太多的钱回家，则儿子们会养成花钱大手大脚的习惯，拼爹炫富，本事不长，排场日长，父亲存钱越多，儿子可能积过越大。

左宗棠的这个观点还是非常有道理的。俗话说："穷养儿，富养女。"又说："自古英雄多磨难，从来纨绔少伟男。"有为之士多是在艰辛的环境里锤炼成长起来的。

人人都有望子成龙的心愿，事实上，成功主要依赖三点：

性格执着、习惯良好、才干超群。做到了这三点，其他都是枝节。一个人后期遭遇的挫折与失败，大多可以在早期家教的失误中找到原因。贫寒与朴素可以磨砺心志，激发进取心，在困苦中磨炼、改造，可以养成好习惯，这些让人终生受益。左宗棠明白这些道理，也在践行这些道理。

千金难买少时贫。这也解释了那些家庭条件并不优越的寒门子弟，为什么一进入社会，反而会比大多数含着金汤匙出生的人更具竞争优势。

| 光绪二年（1876年）五月初六日

与孝宽

谕孝宽悉：

勋、同来省，随我赴酒泉。勋厚同敏，均可爱也。适以省试伊迩，告归长沙，端午后就道。请处分家事，兹条示于后。

邑中书院改建未得，余不欲持异议，亦不欲取回原寄廉银。冒侯去任，存项可呈缴县中，为育婴普济经费，聊尽我心。

尔兄墓地修筑竣事。前晤刘克庵，亦说平稳。惟须薄置墓田数亩，丙舍数间，为上冢憩息之所。志铭即嵌墙壁。

母茔形势佳否，吾难悬揣。惟闻山童土敞，定非佳壤，不足安尔母体魄，且吾百年后亦必得一栖神之所。堪舆家言断不可信，而水蚁宜避，虽达观者不得无动于中。刘克翁言八尺坳地好可葬，上年曾为买定。又曾子原亦颇言其佳，似故茔宜改，当卜斯丘。吾与勋、同言之矣，如八尺坳当即板石坳，刘怀清老屋距此不远可以建茔，当即谋迁葬，不须别图。合葬亦行古之道，吾意于板石坳可葬，则尔母迁安于右，二姊祔右之右^{下二尺可矣}；吾百岁后窆于左，尔生母祔左之左^{下一尺}，庶地下团聚不异人间，子孙岁时祭扫亦便也。如定此为新茔，只须请刘元圃、曾子原两君同诣山定穴，不须再求地师；只须谀吉造坟，不论元运，较之寻常卜葬为易。尔兄在日虽坚属不可改葬，惊尔母体魄。此次改卜由我，尔兄弟可无疑也。

吾积世寒素，近乃称巨室。虽屡申儆不可沾染世宦积习，而家用日增，已有不能搏节之势。我廉金不以肥家，有馀辄随手散去，尔辈宜早自为谋。大约廉馀拟作五分，以一为爵田，馀作四分均给尔辈，已与勋、同言之，每分不得过五千两也。爵田以授宗子袭爵者，凡公用均于此取之。

念恕所福福呈请安帖子字画端正，吾甚喜之。可饬其照常读书，以求长进。饬勋、同过兰时检箧匣中物赐之。吾本无珍异之物，且赐孙亦不在珍异耳。

诸孙读书，只要有恒无间，不必加以迫促。读书只要明理，不必望以科名。子孙贤达，不在科名有无迟早，况科名有无迟早亦有分定，不在文字也。不过望子孙读书，不得不讲科名。是佳子弟，能得科名固门闾之庆；子弟不佳，纵得科名亦增耻辱耳。

吾平生志在务本，耕读而外别无所尚。三试礼部，既无意仕进，时值危乱，乃以戎幕起家。厥后以不求闻达之人，上动天鉴，建节锡封，忝窃非分。嗣复以乙科入阁，在家世为未有之殊荣，在国家为特见之旷典，此岂天下拟议所能到？此生梦想所能期？子孙能学吾之耕读为业，务本为怀，吾心慰矣。若必谓功名事业高官显爵无忝乃祖，此岂可期必之事，亦岂数见之事哉？或且以科名为门户计，为利禄计，则并耕读务本之素志而忘之，是谓不肖矣！

勋、同请归赴试，吾以秀才应举亦本分事，勉诺之，料尔在家亦必预乡试。世俗之见方以子弟应试为有志上进，吾何必故持异论。但不可借此广交游、务征逐、通关节为要，数者吾所憎也。恪遵功令，勿涉浮嚣，庶免耻辱。

丰孙读书如常，课程不必求多，亦不必过于拘束，陶氏诸孙亦然。以体质非佳，苦读能伤气，久坐能伤血。小时拘束太严，大来纵肆，反多不可收拾；或渐近憨呆，不晓世事，皆必有之患。此条切要，可与少云、大姊详言之。

勋、同来言，坚以举家度陇就近侍奉为是，吾断谓不可。吾年已衰暮，久怀归志，特以西事大有关系，遽尔抽身，于心未尽，于义未可。然衰颓日甚，岂能久据要津？西事稍定，当即归矣。挈家累数千里，水陆兼程到陇，不数月或年许仍须整归装，劳费万状，是岂不可以已？陇地苦寒，水土不宜，气候大异，诸孙幼小，虑非所堪。吾方头白临边，岂遑分心内顾！自任疆圻，所有养廉均随手散去，计陕西所存不过二万馀两_{合今岁言之}。若眷属西来，盘费用度所耗不资。正恐归休以后两袖清风，无以为养，安能留馀粟分赡子孙？且一家全染官署习气，望其异日茹粗食淡，断有难能。而衰朽龙钟，更何堪以家累萦心也？是尔曹晨昏侍奉徒有其名，而吾以百年待尽之身怀百年未尽之虑，一如村老野夫，亦可谓无聊极致矣。尔曹思之。

丁叟、壬叟先后夭谢，两妇皆名家女，共抚一子，极为可念。李老姨晚景至此，赡养难丰。吾意欲分致薄少与之。尔兄弟可共计议禀知，以了此愿。外家萧条，二舅欠数百两债，闻尚未清偿，息耗日增，家计日窘。吾意欲为早清夙债，俾得从容。夏经笙处拟由鄂台函致六百两，以供太夫人甘旨。莼农现在兰州，甚能治事，暂不急也。宗族中应赒恤者，除常年义谷外，随宜给予。先近枝，后远族，分其缓急轻重可矣。此后爵田有成，则归爵田支销耳。

西事诸见章奏，大约绸缪之，固可规久远，非一时所能，亦非一手一足之烈。勋、同在此，略有所窥，可详问之，吾不复赘也。

丙子五月初六日酒泉营次书

教子以"中庸"，教孙以"自由"

　　这封信单独写给孝宽，因为孝勋、孝同兄弟俩已经到了甘肃酒泉军营。孝宽本来也应去，但作为家督，他要守住长沙、湘阴两地家业，并处理亲朋、邻里间的日常人情往来，故不能抽身前往。

　　孝宽居家处理左家一大摊子事，事前需要先征询父亲的意见。左宗棠遂对照来信，逐一回答。

　　第一桩事，湘阴县文化界人士筹划改建一家书院，正发动地方富贵人家捐款。左宗棠收到募捐信后，第一时间捐了钱。不料发起人过于鲁莽仓促，等钱募齐了，动工时才发现原有的房屋结构根本无法改建，只好将捐款原数退回。左宗棠不要退款，写信通知募捐人，不必退还给他了，将钱全部转赠给湘阴县育婴堂，作为救济贫困人家的"奶粉钱"（育婴普济经费）。

　　第二桩事，根据刘典（即刘克庵）的现场考察，已确定将孝威安葬在湘阴县八尺坳。但其母周诒端迁坟一事，这次又被兄弟们提了出来。左宗棠同意改迁，因为此地"山童土敞"，也就是说，山上的草与树，像儿童的头顶一样，稀稀拉拉，没有几根几棵，土地则全是顽石、劣土。

周诒端的坟地是孝威选的。兄弟几个认为不好，讨论是否给母亲迁坟，孝威当时坚决反对，理由是：改葬需破土，必然惊动母亲地下魂魄，为子于心不安。这条理由，说白了是保全自己的面子。如今孝威已死，孝宽仍不敢做主修改大哥的意见，隐约可以看出孝威的脾气也很倔。左宗棠在这封信中交代孝宽尽快给母亲迁坟，并特别申明这是父亲的意见，意思是父亲的决定权大于长子，孝宽不用再有什么顾虑。可见左宗棠对孝威的做法也不认同。

儿子们陆续成年，自己如今西征新疆，置身不毛之地，百年已可预期。考虑到自己的健康状况，左宗棠开始安排后事。他根据儒家中庸的观念，既不刻意安贫，也不存心藏富，而是拿出2.5万两白银，分作5份。兄弟4人各得5000两（其中孝威的那份由妻子贺氏接管），剩下的5000两用来买爵田。用今天的眼光看，这是中产阶级的生活标准。5000两白银至少能买200亩爵田，在湖南丘陵地带，已属于大地主。

岁月荏苒，3个儿子还在考举人，4个孙儿马上又面临考秀才了。左宗棠怎么对待孙子考秀才呢？

左宗棠从1838年单方面宣布罢考进士后，对科举一直心存排斥，孝威在世时因科举之事与父亲观念出现分歧，屡被教训。如今，面对家中一大拨"科考后备队"，左宗棠知道，个人终究敌不过传统强大的惯性。他开始妥协了，说："世俗之见方以子弟应试为有志上进，吾何必故持异论。"

他虽然答应儿孙们随主流走科举之路，但还是约法三章：

不准借科考之机，在同学中拉帮结派、炫富攀比、搞关系走后门（"不可借此广交游、务征逐、通关节"）。

左宗棠顺水推舟地改换"自由"观念来引导孙辈，因为通过管教4个儿子的实践，他明白了一个道理：孩子从小被管得太严，表面上看起来老老实实，长大后反倒更容易调皮捣蛋，且犯起事来令人惊心动魄，再想矫正连机会都没有。因此左宗棠在信中说："小时拘束太严，大来纵肆，反多不可收拾；或渐近憨呆，不晓世事，皆必有之患。"

左宗棠从忧儿孙又扩大到忧外孙。长女孝瑜是一个"能干婆"，处处将父亲当偶像，以前望夫成龙，现在望子成龙。她效仿父亲严格要求儿子们。左宗棠通过家人书信，对此早有耳闻。现在自己教育方法改变了，长女还在重走自己的老路，这事怎么得了！所以通过这封信，左宗棠特意叮嘱孝宽，务必转告大姐夫与大姐，对自己的几个外孙，要改行"自由教育"，因为我的老办法已经行不通了。

左式"快速发家"秘诀：
让家教观念适当超前

个人事业成功、家庭和睦愉快、子女有出息是每一个国人都向往的人生追求。

左宗棠有两个哥哥，三个姐姐，到他20岁时，父母、大哥已去世，三个姐姐已嫁人，一大家人只剩他跟二哥左宗植。如果不是选择做上门女婿，他可能就一代而终了。

左宗棠40岁才出山办事，不但自己拜相封侯，而且子孙后代至今近500人，其中有为者不在少数，可以说他是"快速发家"的典范。

这一切到底是如何实现的呢？下面我从他的一次家庭危机开始，详细谈谈他的独到观念，以及实现这种观念的具体做法。

一、教子先问"心安"

1868年春节，湘阴左家如往年一样，在忧虑与喜庆交织的气氛中平静度过。一家人虽然其乐融融，但遗憾"两大家长"

不在。"家君"左宗棠离别家人，在千里之外的望都行营，指挥前线将士奋勇作战；"家督"左孝威也没有在家陪家人一起过年，悄悄地去了一个左宗棠不知道的地方。

孝威去哪里了呢？

左宗植一封"告状信"泄露了秘密。原来，左孝威瞒着左宗棠，此时已来到与望都行营近在咫尺的北京城内，准备参加本年会试。

左宗棠看完信，内心五味杂陈。上年他已经得知，妻子周诒端脚气病复发，生命危在旦夕，眼下正卧病长沙司马桥的家中休养。远隔千里，他的心一刻也不能放下。祸不单行，这段时间恰逢剿捻遭遇一连串的失败，朝廷震怒，为示惩罚，已收回之前授予左宗棠的全部爵位、封赏。左宗棠以"戴罪立功"之身带兵，如履薄冰，生怕再出事端。

在这节骨眼上，孝威动了考进士的念头。

左宗棠不得不分心家事。他越想越感到不对劲。正月二十五日，在获鹿行营处理完事务后，他赶紧抽空写信，命令孝威速速回家。

在信中，左宗棠苦口婆心地给儿子讲了不少大道理：按照古制，长子有在病床前照料母亲的责任，母病期间绝对不允许会试，母亲一旦有三长两短，儿子则是不孝的"罪人"。

左宗棠想不通，自己15岁那年得知母亲病重，当即放弃最后一堂秀才考试，回家在病床前服侍母亲，这事子女们都知道，如今孝威怎么就不像自己呢？

信末，他带着一点儿伤感，不无赌气地说："世上哪有你这

教子也烦恼：左宗棠的23封家书

样的读书人？父亲时刻处在危险的战场，倾覆只在转瞬之间，母亲又重病在床，生命危在旦夕，你却处之泰然，还有心思优哉游哉地进京赶考！如此大逆不孝，你的心难道没有一丝不安吗？如果你还觉得'心安'，那你就这样做好了！"（天下有父履危地、母病在床，而其子犹从容就试者乎？汝安则为之矣！）

孝威是个大孝子，听从父亲教导，准备弃考返乡。如不是左宗棠后来见妻子病情有所缓解，追加一信勉强同意续考，孝威这次就直接弃考离京了。

信中"汝安则为之"一句引用的是孔子原话。

"心安"的观念是怎么来的呢？最早缘于孔子与学生宰我的一次辩论。

一天，宰我问孔子："老师，您规定父母去世后儿子要守孝3年，我觉得这个时间太长了，可不可以改成一年？一个人3年内不能参加社交，礼仪也就荒疏了；3年内不准演奏音乐，音乐都忘了。我看改成一年则刚好——老米刚吃完，新米刚入仓，钻木取火的工具刚好用过一轮，新旧接得上，不影响生产、生活。"

孔子一听，不高兴了。反问宰我："这话也只有你问得出口。人家逢父母去世，全家人眼泪一把，鼻涕一把，心都碎了，你却照旧吃香喝辣，穿金戴银，难道真的可以心安吗？"

宰我认真地回答："心安啊。"

孔子一听，十分生气，出口痛骂："好你个宰我，居然心安理得！那你就照自己说的去做，试试看好了。反正你说的这种事，君子是做不出来的。君子逢父母过世，吃饭不香，听歌不

148

乐，睡觉不安。你这么叛逆，我看你就是不孝之子。你再仔细想想，父母生你，养你，抱大你，辛辛苦苦，熬了3年；父母去世，子女守孝3年，这是对等的回报，难道不是天经地义的吗？我告诉你，3年之孝是社会公理，不能再拿出来讨论！"

因为孔子的坚持，儒家3年之孝的传统此后被沿袭下来了。19世纪60年代时，国人并没有今人的现代思想，仍然严格恪守孝道古制。

左宗棠幼读四书五经，已将儒学的孝顺观念深植于心。左宗棠以"行吾心之所安而已"作为教子的基本准则，而不同之处是，他根据时代变迁和社会进步，将新理念融入传统"孝义"。

二、以"心安"重新定义"义利"

从这次"教子事件"可以看出，左宗棠的逻辑是：儿子应该放弃"会试进士"之利，成就"儒家孝道"之义。

义、利在中国自古以来就是矛盾对立的。传统儒学的价值取向为舍利求义。

子贡当年问孔子怎样治理国家，孔子回答说，国家粮食充足，军备充足，老百姓信任统治者，就可以了。子贡问如果必须去掉一项呢？孔子说去掉军备。

子贡又问，如果必须再去掉一项呢？孔子说去掉粮食。

子贡问为什么？孔子说，自古以来，人总是要死的，如果老百姓对政府不信任，政权就一刻也不能存在。

孟子将这一价值观做了延伸，说："何必曰利，亦有仁义而已矣。"意思是，说什么利益呢，只要有仁义道德就可以了。

"只要义，不要利"，从反面反映了一个大问题：老百姓没有私产，则无私权；既无私产，又无私权，则"民为贵，社稷次之，君为轻"成了缥缈不定的主张。道德因此成了幌子。

是否可以"只要利，不要义"呢？这更有问题。人为了求利不择手段，而且可以冠冕堂皇，"如果道德是相对的，那么食人只是口味问题"（列奥·施特劳斯语）。

孔子并没有放弃利，他只是看重获利的手段："不义而富且贵，于我如浮云。"

后世的读书人，在义、利的对立中，逐渐找到了调和的方法。

南宋的永嘉学派、明代的王阳明心学、清代的浙东实学派，在"义利兼容""工商皆本"上研究出了一整套的理论体系："以义取利，以利养义，义利合一。"

左宗棠的家教观念将儒学的"心安"观念做了创新。它到底是怎样一种观念呢？左宗棠在《名利说》一文中讲得很清楚。

左宗棠说，世界上的人形形色色，样子不同，学问不同，追求也不同。但有两点相同，一追求名，二追求利。这世上哪里有脱离利的名呢？名其实也可以归结为利。

世上的名分三种：一曰"道德名气"，二曰"文章名气"，三曰"办事名气"。

在这三种名气中，"道德名气"最不靠谱。古代以道德出名的人怎么样？我没看到，不太清楚，所以不敢轻易评价。但当今活跃在社会上的那些"道德名人"，到底怎样，我看得不少。他们到底因为道德好才出名，还是因为出名后沐猴而冠，才被人再戴上一顶道德的高帽呢？走近去看，你就知道了。今日世上很多人是"道德贩子"。他们打着"道德名人"的招牌，或者进朝廷沽名钓誉，或者入江湖招摇撞骗，最后赚得盆满钵满，目的还不是贪图那点利！（以道德名者，人因其道德而名之乎？抑已因其名而道德者也？或市于朝，或市于野，归于厚实已矣。）

"文章名气"呢？只能远观，不能近看。顾炎武批评过一种文化人，他们巧言令色，八面玲珑，打着"文化大师"的名号，这里讲学，那里开课，社会需要什么，他们就提供什么，貌似百科全书，只要能够捞到好处，就乐此不疲。一旦发现捞不到金，马上改头换面，另起炉灶，美其名曰传播国学。这种文化人，整天东奔西走忙出名，他真在忙名吗？说到底他在忙钱。（以文章名者，亭林顾氏所谓巧言令色人哉？负盛名招摇天下，屈吾身以适他人之耳目，期得其直焉，不赢则又顾而之它尔。）

"办事名气"则不同，它是个手艺活，靠技术与汗水吃饭，很不起眼，但事实上就这个最靠谱。官员办事跟农民种田、工人做工本质上没有差别，同属"百工之事"。工人靠自己的本事、汗水吃饭，做出来的东西拿到市场上公平交易，对别人有好处，又不占别人便宜，这是最好的名气，我们为什么不站出来提倡呢？（以一艺一伎名者，其名细，今之君子不欲居，然亦百工之事也。吾益人而不厉乎人，尽吾力食吾功焉，斯亦可矣。顾伎庸术劣，抑人炫己以求自利者又何比比也！）

左宗棠最后得出结论：三种名气中以"办事名气"最让人放心。因为看得见，摸得着。反过来，凡不是通过付出自己的智慧与汗水得到的利，或者所获之利超过智慧与汗水的付出，都会让自己良心不安，因为它是通过出卖良心与尊严换来的。

于国于家，这在晚清都是一个惊世骇俗的结论。根据儒家理论、帝制要求，官员的基本职责是教化民众，至于办事，那是农民、工人、商人才做的事，将官员看成"办事员"，这叫目无官长。左宗棠对国家官员职责的定位，无疑是一次观念大革命。

左宗棠这些新思想是怎么来的呢？

他本是内陆湖南的一个读书人，固守"耕读传家"理念，并无商业思维。他早年读杂书，习实学知识，养成了技术理性思维，后来以农民的实在眼光观察社会，深知农人耕种的扎实。再后来他主政浙江、福建，才感受到工商文明与海洋文化的气息，两种思想碰撞，使其价值观念逐渐成形。

这是一种融农民的"朴实"与商人的"平等"于一体的义利观。

左宗棠将它用于教导官员，更直接用来教育子女。

三、以新"义利观"教子

左宗棠教导官员与教育子女的方法不同，其背后的理念却一样。

从他教导官员的观念中可以侧面地看出他的家教思想。

左宗棠以"王道"治官，成绩出彩，首要一条就是他分清了官员的"义利"。

左宗棠认为："利"既讲权利，也讲义务，即权利与义务对等，付出与回报相等，其核心是等价交换。从政为官，则超越了利，进入"义"的层次。以"义利合一"作为标准，官员的权利是代表民众，官员的义务是为民众办事，官员的价值在于名垂青史。

官员怎样才能名垂青史呢？代表民众，为民办事，成就事功，事业垂世。身后名气是其所能取得的最大收益。这些收益事实上都是社会给的。官员办事调动的资源来自社会，再用之于社会，自己付出的是什么呢？调配资源时的智慧与汗水。

根据"利"的等值原则，智慧与汗水付出的越多，事功越大，官员名气也越大。巡抚、总督年收入约4万两白银，超过普通民众家庭收入的数千倍。怎么理解呢？这些金钱回报是朝廷的恩赐，并不完全是个人劳动所得。官员如果还吝啬聚财，则属于贪婪。儒家文化教导出来的官员不可能心安理得地敛财。

用这一"义利观"教育子女，左宗棠得出这样一个结论：既然每个人在社会的所得全在个人的汗水与智慧付出上，那么，个人真本事的大小、能力的强弱才是决定个人社会地位的关键。

想清楚了这些后，左宗棠着意锻炼后辈的真才实学，反对后人为应付科考而读书。

早在咸丰六年（1856年）正月二十七，左宗棠就给侄子左癸叟写信表达了这一看法，他在信中说，科举考试总在考八股，会写文章的人中了进士，没有真本事的人也中了进士；道德、人格优秀的人才考上去了，品行恶劣的人也考上去了。当今社会正是需要有真本事人才的时候，与其削足适履考个进士光宗耀祖，满足虚荣心，不如埋头在家苦读实学，学到办事能力，不愁将来用不上。

左癸叟按照左宗棠的意见行事，后来被左宗棠选拔进浙江军营做文案工作，后被提拔做了地方官，成为左宗植3个儿子（左癸叟、左丁叟、左壬叟）中最优秀的一个。

对于自己的4个儿子，左宗棠更加用心培养。为了打消儿子们"官二代"的特权思想，左宗棠有意安排他们去办一些资助贫困考生的事。

同治七年（1868年）闰四月十九，左宗棠安排孝威拿1000两白银，专作资助回不起家的湖南籍考生的回程路费。

当时正逢捻军出没，京师来往车马稀落，只有一些不怕死的车马还在运营。车辆供不应求，车主趁机发"战祸财"，回一趟湖南，路费约七八十两白银。左宗棠当年进京会试，两马一骡一仆，往返半年，全部食宿、车马费加在一起也才百两白银。

考生回不起家，就有饿死京城之虞。古人赶考常有因各种原因死在路上之事。左宗棠自己就遭遇过一回"被死"。1835年第二次会试期间，有同乡回湖南说，传闻左宗棠已经病死。周夫人忧思成疾，竟卧床不起，后虽证实是虚惊一场，但周夫人悬惊数月，从此落下病根。左宗棠深知赶考艰苦，在信中对儿子说：同乡落榜的寒士进京一趟太不容易了，你见一个就应帮一个。回想我当年三次进京赶考，吃尽了苦头，受够了白眼，现在想起来还感到心酸。

他试图用行动让孝威明白，寒士与世家子弟虽然家境不同，但人格平等、机会均等，不能因为父亲是总督、钦差大臣，就感觉自己也高人一等，人最终要靠本事说话，自己的条件比别人好，利用这难得的条件学到本领，才是唯一的出路。

孝威的态度如何呢？似乎很不痛快。他的办法是消极对待。拿到1000两白银后，他并没亲自去安排这件事，而是委托一位湘潭籍考生代替自己去发钱，而左宗棠刚好认识这位考生，而且素来鄙夷其为人，因此孝威免不了又挨了一顿批评。

孝威大概也想不通，一个对自己要求十分严格、抠着手指头花钱的父亲，对别人家的孩子怎么格外体谅，动辄花费上千两白银呢？

左宗棠这次的教育效果并不如意，在于他这种"义利观"太超前。毕竟，19世纪时的中国是一个家族社会，多数人都信奉"肥水不流外人田"的准则。左宗棠经常济困帮难，使儿子逐渐不满，心生抗拒。

因为左宗棠常年带兵打仗，无法身教，像这样通过书信手把手教导儿子的情况也不是很多。更多的时候，左宗棠通过言传，以家庭琐事指点与引导儿子们。

这也是湘阴左氏从左宗棠这一代起能够成为大门庭的一大原因。

湘阴左氏兴盛的根本原因在于左宗棠系统总结、提升了祖辈700多年传下的家教，并将它光大，形成风气，影响后人。

左宗棠教子：处世八术

| 同治四年（1865年）三月十三日

与孝威

孝威知之：

接尔抵都后两书，知尔途间安吉，抵都后用功如常，深慰我怀。芝岑兄勤慎持正，尔在寓可多受教益，诸凡请其指示，可少差误。酬应既繁，须时时留心检点，言动之间断不可稍形纵肆。

昨见福建折弁赍回《致徐中丞书》，我以尔所寄家信在内，故径自拆视。见字画草率，多用行体，称谓款式均不妥协，殊为不取。树人先生年已七十又四，较我长二十岁。我虽同官，尚时存谦逊之意。尔致信宜用红单小楷，外用全书，上写愚侄左△△。如照都中款式，即用大单片亦可称"愚侄"上写。信面称"安禀"或"钧启"，字体宜小。初次通信尤宜加慎，岂可任意草率，失敬礼之意。岂惟致书督抚宜然，即凡同乡、外省与我同官者有交情者，尔均宜执子侄之礼，不可稍形倨傲。不独世故宜然，即论读书、学礼亦应如此。自卑以尊人，敬父执之道尤所当讲也。尔昨次所写，字体带行，不用全书，不称安禀，不自称愚侄，词意间并无敬慎之意，殊为失之。幸此信经我拆阅，未及径寄，免致开罪尊长，否则惹人贱恶矣。此后遇有必须通信之处，均宜自降一格，断不可稍有亢踞。行书并未学习即可不写，亦藏拙之道也。有人求写信寄当事者都宜谢绝，以向无往来或奉严谕不准预闻外事谢之，人亦不怪。总之，一举笔即当十分谨慎，免留话柄，免招尤悔。从前周克生因致书石黼庭先生说湘潭公事，致干严谴，并累及石芳先生由侍郎降编修，可为前鉴，切当慎之又慎。

考荫事一切问之芝岑兄，自当不错。现在试事将毕，此差到京已在榜后，恐尔已出京矣。芝岑兄家用太重，景况颇窘，尔拟留银赠之，似非百金不可，不知行资够否。如不敷，则应由此间补寄。兹乘差便，附寄百两交芝岑，如尔已致送，则此项即存之芝岑兄处作别用可耳。

闽中战事尚顺，惟贼数尚众，洋人勾引多方，非入海即窜粤，此数月内战事当益急。我因贼势虽蹙，贼踪未定，故仍驻延平伺察。杨和贵、简桂林各在湘带五百人来，合之现在各营有三千劲卒，可打好仗也。周寿山、吴桐云、张听庵均已赴省办事，厘税、军需两局可以分劳。惟吏事则贪庸者多，尚难整理，军政尤不可问，是为焦烦耳。

胡雪岩人虽出于商贾，却有豪侠之概。前次浙亡时曾出死力相救。上年入浙，渠办赈抚，亦实有功桑梓。

外间因请托未遂，又有冒领难民子女者被其峻拒，故不免有蜚语之加。我上年已有所闻，细加访察，尚无其事。至其广置妾媵，乃从前杭州未复时事。古人云："人必好色也，然后人疑其淫。"谓其有自取之道则可耳。现在伊尚未来闽，我亦未再催。尔于此事既有所闻，自当禀知。但不宜向人多言，致惹议论。手此，即由折弁之便付尔，尔当知之。

三月十三日延平大营封发

说话要小心，下笔要谨慎

父亲对第一次出远门的孝威的牵挂萦绕心怀，于是有了这封信。19岁的孝威已成年。随着孝威年龄的增长，其社会交往日广，因而左宗棠一面规劝儿子认真功课，一面教他一些做人与处世的道理。

一、写"大卷"以正心

左宗棠对孝威功课的具体要求是：每天要练书法，写大卷三开，白折三开，同时每隔三天必须作一篇文章，写一首诗歌。

大卷是清朝殿试时所用的试卷。在大卷上写书法，一律只能用楷体字，以"光、方、乌"为标准。白折则是清朝朝考所用试卷，用工整楷书写在白纸制的折子上，向皇帝奏明事情。当时的技术远不如今天发达，没有打印机，为预防进士为官后的奏折难以辨认，其书法要在考卷上先过关，相当于考核。

能写好大卷、白折，放到今天够得上书法家的水平。《海国图志》的作者魏源、民国初年内阁总理熊希龄，考取进士前都曾因书法不过关，专门花时间闭门练字，足见要求之严。

大卷难写。康有为在《广艺舟双楫·干禄》中深有体会："大卷弥满，体尚正方，非笔力雄健，不足镇压。"写大卷特别锻炼人的眼力与整体把握能力。练习书法有何教益呢？左宗棠在一封家信中已专门说过，可以"正心"。

二、尊长者以守礼

孝威这次除了参加会试，还以一等恪靖伯之子的身份提前参加了朝廷的"荫生"考试。

古人特别讲究尊师重教，文化人的社会地位高。根据古制，会试考生需要给自己的秀才、举人老师赠送礼物以示感恩。左宗棠让孝威找在北京的夏献云（字芝岑）取钱赠师。

乡下老师的日子难过，左宗棠见过秀才父亲左观澜乡间教书的窘况，加上他自己在安化、长沙也做过 10 多年塾师，所以特别理解这种事。但他又不肯额外增加家庭开支。怎么办呢？只能省。他要求儿子少跟同学、朋友在北京搞聚餐、派对，省出钱来孝敬老师。

孝威这次给福建巡抚徐树人写了封《致徐中丞书》。因当时的邮差就是福建省政府自备的专差，福建省内官员的信全放在一起。左宗棠看到孝威的信就拆了。私拆儿子书信，这事说不过去。左宗棠自称，他误以为儿子给自己的信也夹在《致徐中丞书》里，所以顺带拆看了。这话像是借口，其实是左宗棠放心不下，想看儿子写得怎样。

不想这一看，看出问题来了。

左宗棠总结孝威的书信有五大失误："字体带行，不用全书，不称安禀，不自称愚侄，词意间并无敬慎之意。"

古礼规定，行书自由，多用于同辈通信；与长辈通信应用楷体，以示恭敬。左宗棠提醒儿子，凡是与父亲同官、同年的，都必须执子侄礼。如果草率敷衍，看起来是侮辱了别人，其实是侮辱了自己。

是因为左宗棠对福建巡抚徐树人敬佩有加，才会对儿子如此严苛吗？

其实不然。左宗棠后来跟左宗植通信，评价徐树人："以廉慈闻，实则衰庸充位而已。"徐老先生在福建官场被人称颂廉洁、慈爱，口碑似乎不错，事实上这个人老而无才，廉而无能，赖在福建省一把手的位置上，混个养老。

如此官员，似乎并不值得尊敬，左宗棠却教儿子恭敬，是左宗棠虚伪吗？

如果认为此做法虚伪，这大约是当今国人与古人在礼制认识上隔膜太深的缘故。

父子平等指人格上的平等。但不是说，在家庭与社会生活中，父子可以完全对等。

左宗棠在这里教导孝威的方法，正是遵循古礼。徐树人在政治上无能是一回事，作为长辈受到晚辈尊敬是另一回事，这两者不能混为一谈。政治上可以否定他，但生活中必须尊敬他。

三、谨言语以免祸

晚清时守护古礼的有一个庞大的乡绅阶层。这一群体主要由民间读书人、退休官员组成。他们非官非民，充当着社会的中间力量。每个官员在位时有权有势，但毕竟总有下台时。何况，出了政治事故要被革职回到乡下，年老了告休也要回到乡下，而民间乡绅议论时务，可以影响官员施政。

正因如此，官员、乡绅之间的沟通变得重要起来。他们会相互交流意见，形成一个庞大的民间舆论场。尤其是在职官员的家书，其内容十分敏感。因为朝廷的最新动向、朝廷的施政纲领、官场内部的人事关系，在官员的家书中往往有第一手材料。

官员的家人口风如何跟家庭的福祸休戚相关。

这就有点儿尴尬了。家书中不可能不涉及国家政事，否则许多事情便没办法跟家人讲。但讲了又怕泄密，像放下一颗手雷，不得不防备手雷被引爆。怎么办呢？唯有家人看后烂在肚子里。

左宗棠拿身边的一件事来警醒孝威：周诒桢（字克生）给石承藻（字黼庭）写信说了湘潭公事（大约是政府组织上的人事任命），泄密后，朝廷追查下来，将周系英（号石芳）由侍郎降为编修。

可见，话不能随便说，字不能随便写，小事出纰漏，大事必遭殃。左宗棠总结出一段名言："粒谷必珍，富之本也；只字必惜，贵之原也；微命必护，寿之根也；小过必惩，德之基也。"

"清风不识字，何故乱翻书。"多少官员一不小心在奏折里写错一个字，就被朝廷杀了。

信中说到的道员胡雪岩此时就正遭遇被人写负面新闻的烦恼。

四、不参与议论胡雪岩

左宗棠收复杭州后，胡雪岩主动请缨，做了三件善事：

第一，将官兵、民众及太平军的尸体收集到一起，举行义葬，以免造成大面积瘟疫。

第二，招抚太平军余部，出告示通知他们前来自首，罚款或坐牢，任选一条，以免这些人散落民间，再次集事。

第三，赈济贫民，在杭州四处开设粥厂，救济无米下锅的流浪民众，以尽人道主义，避免民众大规模饿死。

前面两件事都办得滴水不漏，第三件事却办砸了。

因杭州城流民太多，要精准救济很难。为避免有人冒领救济粮，胡雪岩想出了一个馊主意：领过救济粮的人，剃掉双眉。发粮的工作人员一看就知道谁领过了。

这个方法虽然有效，但其实做错了。古人规定，男子的头、女子的腰，不能随便摸，难道这眉毛就可以随便剃？这显然冒犯了弱者的尊严。

事有凑巧，杭州城里一个秀才家也无米下锅，他碍于面子忍着饿，但被妻子逼着前去排队领米。他好不容易背袋米回家，却被妻子数落为了一袋米，连眉毛都可以不要。秀才哪里受得了这等嘲讽？找根绳子上吊了。

这件事传开后，阜康钱庄门前炸开了锅。被剃掉双眉的人陆续醒悟过来，越聚越多，要求胡雪岩还眉毛。这事情可就难办了，眉毛剃了没办法接上。胡雪岩只好每人赔10两银子。

事情传到左宗棠那里，他不禁皱眉苦笑。

传到左宗棠耳朵里的胡雪岩的坏消息，还不止这一件事。

当时盛传，胡雪岩某天在杭州城里盯着一个姑娘看，看得姑娘不好意思了，他还目不转睛。姑娘很生气，鄙夷地瞪他一眼，躲进屋内。胡雪岩当即安排手下找到姑娘的父亲，向他提亲。

以道德视之，这叫"富贵而淫"。左宗棠却仍不予追究。理由是胡雪岩"至其广置妾媵，乃从前杭州未复时事"，意思是说：自从做了我的部下后，胡雪岩已经安分守己，我就没必要拿他过去的错误再来审判一次。何况，社会舆论的唾沫星子，已够胡雪岩喝一壶。凡事有因必有果，他正在喝自己酿下的苦酒，身边人就不要再落井下石了。毕竟，这种事只能叫私德不检点，交给舆论讨伐最合适，不宜动用法律或行政手段。

事实上，左、胡关系此时刚进入一个新阶段。从信中可以看出，胡雪岩的商业根据地在浙江，左宗棠去福州闽浙总督署就任时，胡雪岩在福州的商业网络还没铺好，人暂时还没赶到，左宗棠也不催他。两人心里都明白，福建灾情紧急，谁都想争取早一天到，用不着催。

左宗棠特别交代儿子：你既然已经知道胡雪岩的一些事，那么在北京如果再听到关于他的一些议论，还是应该告诉我。但我有个要求，你自己知道就可以了，不要跟别人掺和、起哄。世事复杂，轻易议论容易自取其辱。

| 同治七年（1868年）闰四月十四日

与孝威

孝威知悉：

会榜未发以前曾两次寄信，未知何故未到。顷夏筱涛兄附来尔一信，系四月初二日所发，不知何以迟迟始到。前一信令尔榜后在京寓小住，候我遣人来接。嗣又寄信交平江某孝廉专足之便带去，令尔到保定后请张正轩廉访派人护送来营，或在保定小住，候我遣人来接。昨张正轩来营，据称已令首县四处探听，并无消息。想尚未出都，不知何故。现今兵勇满途，直隶民团习为劫杀，屡酿巨案，行旅时有戒心。如保定道上亦不好走，或即附妥便到天津，与夏筱涛兄同住，看势行事；或由水陆到连镇行营见面；或径由天津托夏筱涛兄搭轮船至上海，再由上海南旋亦可。

贼势已蹙，如事机凑泊，则两月内当可蒇事耳。手此谕知。

闰月十四日连镇行营字寄

169

连镇在景州、吴桥之间，距天津不过二百数十里。

　　尔书来，欲为姨娘捐请封典，此可不必。陶氏陋习何故效之？且二弟已议叙得官，所生贵矣，捐封何为？

　　同乡下第寒士见则周之。尔父三试不第，受尽苦辛，至今常有穷途俗眼之感，尔体此意周之为是。但不知阜康号友能多汇数百金否，吴子儁假归，此间无人寄信号友也。

　　王师所托之濮君非所素知，不敢奏调，可婉谢之。陈芝楣少君已入营当随员，绵师如问及，可告之。

　　师门应尽礼，如有馀自当奉致薄少，但须一律耳。周荇农信来为其少君捐官告帮，意欲二百金，可否以百金致之？我忙甚，不能复信，如晤面，可先致意。如实无馀，则俟下次折便送上。

又谕

自己痛过，才会同情别人的痛

一、清朝会试到底有多苦?

这段时间父子间的几封通信，主要在谈两个问题：一是孝威到底要不要争取会试考中；二是会试后为什么要尽心尽力周济湖南籍贫困考生。

与一般家长考前竭力鼓励儿子超常发挥，争取拿高分、中头名不同，左宗棠建议儿子最好不要考上。理由有两点：一是孝威年纪太轻，学问修养还没到火候，按道理不应该考中；二是年纪轻轻就考取进士没有好处，反倒容易遭来社会妒忌，成为继续学习的一大拖累。

这算得上家长最开明的"送考词"。有了这句话，孝威进考场一点儿压力也没有。

左宗棠这是在以退求进，考前动员故意说宽心话吗？不是。遍观左宗棠历年的家书，他是真心实意这么想的。

这不免让人瞠目结舌。

既然一开始就不希望儿子考中，还答应他进考场干什么呢？

让儿子多吃点儿苦头，经受磨难锤炼，明白人间艰苦。

湖南读书人进京参加一场会试有多苦？跟进行一次长征差不多。

湖南人进京考试，必先渡过洞庭湖。八百里的洞庭湖风高浪急，渡过实为不易。

即使冒着生命危险闯过了洞庭湖，参加会试又是一场煎熬。按清朝规定，会试三年一届，开春后举行，叫"春闱"。"春闱"考三场，每场考三天。考生一共要写13篇文章，外加一篇赋。这些文章，全在考场内一个全封闭的单间内完成。考室单间长5尺，宽4尺，高8尺。从主考官手里领题进去前，考生先得脱光衣裤，被搜身以防夹带小抄。等过了"安检"，每人才允许拿三根蜡烛进屋，而后监考员在房门外马上加锁，考生被关在室内答题，晚上休息、吃喝拉撒也全在里面。整个密闭的狭窄空间内，飘荡着屎尿与墨汁混合的味道。

本已百里挑一的举人，每届参加会试的人数约1500多人，高中进士者仅300人左右，录取率约在20%。清朝录取进士最多的一次在1730年（雍正八年），录取了406人；最少的一次在1789年（乾隆五十四年），仅录取了96人。

进京难，中榜难，这些困难和打击还不是最主要的。更凄惨的是，古代交通极不发达，考生的食宿、车马费又要全部自理，考生因被盗、缺钱在半路上饿晕、饿死的事很常见。更考验人的承受力的是：考生落榜后回乡，还会遭受来自熟人、亲朋的白眼、冷嘲热讽。

左宗棠跟儿子回忆自己1833年、1835年、1838年的三次会试，30年后仍感到后怕。他用"受尽苦辛、穷途俗眼"八个字概括。

二、苦难让人善良，吃苦激活同情心

现在左宗棠通过为朝廷办事发达了，借儿子参加考试的机会，他决定从自家拿出几千两白银，无偿帮助贫困的湖南籍考生。

读书人得到他的帮助，心中自然升起一股暖意。左宗棠为什么这么做呢？只有自己痛过的人，才能体会与你有同样经历的人的难言之痛，才会激活经常打瞌睡的同情心，无私给予别人最贴心的帮助。

人性善良的激发，主要靠经历，不靠道理。一个人是不是有良心，一个官员是不是有同情心，很大程度上取决于他是否体验过生活的辛酸，吃没吃过苦。

反面例子可证。《晋书·惠帝纪》记载，晋朝连年战乱，老百姓流离失所，饿死者尸横遍野，大臣如实报告，惠帝反问：他们为什么不喝肉粥呢？（及天下荒乱，百姓饿死，帝曰："何不食肉糜？"）

末代皇帝溥仪在回忆录《我的前半生》中，更是现身说法，道出了其扭曲、荒诞的成长经历：

　　我在童年，有许多稀奇古怪的嗜好，除了玩骆驼、喂蚂蚁、养蚯蚓、看狗牛打架之外，更大的乐趣是恶作剧。早在我懂得利用敬事房打人之前，不少太监们已吃过我恶作剧的苦头。有一次，大约是八九岁的时候，我对那些百依百顺的太监们忽然异想天开，要试一试他们是否真的对"圣天子"听话。我挑出一个太监，指着地上一块脏东西对他说："你给我吃下去！"他真的趴在地上吃下去了。

　　有一次我玩救火用的唧筒，喷水取乐。正玩着，前面走过来了一个年老的太监，我又起了恶作剧的念头，把龙头冲着他喷去。这老太监蹲在那里不敢跑开，竟给冷水激死过去。后来经过一阵抢救，才把他救活过来。

　　在人们的多方逢迎和百般依顺的情形下，养成了我的以虐待别人来取乐的恶习。师傅们谏劝过我，给我讲过仁恕之道，但是承认我的权威，给我这种权威教育的也正是他们。不管他们用了多少历史上的英主圣君的故事来教育我，说来说去我还是个"与凡人殊"的皇帝。所以他们的劝导并没有多大效力。

………………

　　有一次，有个会玩木偶戏的太监，给我表演了一场木偶戏。我看得很开心，决心赏他一块鸡蛋糕吃。这时我的恶作剧的兴趣又来了，决定捉弄他一下。我把练功夫的铁砂袋撕开，掏出一些铁砂子，藏在蛋糕里。我的乳母看见了，就问我："老爷子，那里头放砂子可叫人怎么吃呀？""我要看看他咬蛋糕是什么模样。""那不崩了牙吗？崩了牙就吃不了东西。人不吃东西可不行呵！"我想，这话也对，可是我不能取乐了，我说："我要看他崩牙的模样，就看这一口吧！"乳母说："那就换上绿豆，咬绿豆也挺逗乐的。"于是那位玩木偶的太监才免了一次灾难。

又有一次，我玩气枪，用铅弹向太监的窗户打，看着窗户纸打出一个个小洞，觉得很好玩。

若不是溥仪亲笔自述，今人不会想到，当时作为全国人民道德表率的皇帝，在成长教育中人性恶的一面竟然如此放浪、肆无忌惮！他的这种具有暴力倾向的心理，不是从天上掉下来的，每个儿童的成长期都有，只是正常儿童通过管教被压制住了。

只有自己痛过的人，才能感知他人的痛，给予他人无私的理解、同情和帮助。从左宗棠信中"尔父三试不第，受尽苦辛，至今常有穷途俗眼之感，尔体此意周之为是"一句可以看出，其三次进京会试遭遇的苦难，是左宗棠位高权重后仍同情与尊重弱者的重要心理原因。

| 同治七年（1868年）闰四月十九日、五月初八日

与孝威

孝威览之：

前由宛平递寄一书，计已得达。昨接尔由宛平递来一函，知尔尚未出都，甚为欣慰。未接尔信之前，已数夕展转床褥，不能合眼也。

直隶之大、顺、广一带与山东、河南接壤，各处民团凶悍异常，专与兵勇为仇，见则必杀，杀则必毒。杀机已开，将成浩劫，近更波及行旅。似此光景，成何世界？论者尚谓"民气可用；兵勇扰害激成事端"，将谁欺乎？据现在情形事势而论，非严禁游勇，严行军令，不足以杜百姓之口；非严治痞棍，严办团总，不足以服将士之心。若务为姑息以苟安目前，则苗、宋之祸不远矣。

淮军冗杂殊甚，其骄佚习气实冠诸军。皖军多收捻馀，战不足恃，且恐为贼添夥党。东军荏弱，不任战，仅我军士马一万九千，尚未至大坏耳。

朝命专顾直运，近又兼顾减防，故遂移驻连镇，而分布刘、郭于东光以北，喜桂亭马军于连镇以北，互相联

络，摩厉以需。又遵旨分防减河，西接运河十馀里，以大兵十数万尽注东省。而直隶仅减河有不能战之杨鼎勋一军，此外别无大枝劲旅。而运防乃减运交界之处，百六十七里处处空虚，水势逐日消遏，徒恃嚣凌杂凑之团，断不可恃也。贼不得逞于南，其北窜自在意中。我军不日当有战事，能猛打数大仗，此贼乃可歼除。否则一逾运西，大局更难支矣。刘、郭极和，喜亦极思振作，或有济乎！

下第公车多苦寒之士，又值道途不靖，车马难雇，思之恻然。吾当三次不第时，策蹇归来，尚值清平无事之际，而饥渴窘迫、劳顿疲乏之状，至今每一忆及，如在目前。儿体我意，分送五百馀金，可见儿之志趣异于寻常纨绔。惟闻车价每辆七八十金，寒士何从措此巨款？或暂时留京，俟事定再作归计，亦无不可。其或归思孔亟，万难久待，儿可代为筹画，酌加馈赠。我虽一分不苟，然廉俸尚优，当以千金交儿，以五百金为孝宽领照，以百金为族中节妇请旌，以百金为尔母买高丽参，以百金寄谢麐伯祝爽亭垍已省亲暂回衡郡，未在军中，以百金寄周荇农，以百金为儿行赀，了此私事。再以千金交儿分赠同乡寒士为归途川费，或搭轮船，或俟秋间车马价贱再作归计，均听其便。今作一信寄胡雪岩为券，请其号友汇兑库平二千二百两，从洋款项下划还归款。尔可持此信到阜康取库平银二千两。俟银取到，再将诸事逐件料理，即雇车到天津与夏筱涛兄同住，请由官封寄一信来，再候我信赴营可耳。

王师处再致百金为家用，绵师处亦致百金，合已挪阜康之八百两则三千矣。手此谕知。

闰四月十九日连镇大营书

孝威览之：

闰月二十日辰刻一函由宛平转递夏三兄，计早已递到。顷周近帆兄至营，询及，据云似尚未接到。近帆又云，曾见尔写信寄营，亦并未到，不解其故。

前与尔信所属照办各事，非多钱不行，故作信与胡雪岩，由尔交其伙友汇银二千二百两。其同乡下第公车闻已大半南旋，或不须千两之多亦未可定。有馀，即存芝岑兄处可也。

近帆寒士有品，此来因中第后无钱开销，已送程仪二百两。同县士人得第，以古人助喜之谊言之，亦不为多耳。

五月初八日父字　连镇行营写寄

资助"贫困生"，不求回报

孝威应左宗棠考前动员的"送考词"，"如愿"落榜。

孝威落榜的原因有很多。母亲脚气病复发，父亲问责给他造成心理压力，这是原因之一。文章水平尚有欠缺是实，但也不排除他受了左宗棠信中"不中为宜"的影响——心理暗示的作用不可忽视。

作为父亲，左宗棠对儿子的爱，深沉又直白。作为剿捻的楚军统帅，没有接到儿子报平安的信，他居然接连数夜担忧失眠。其舐犊之情，非比寻常。

孝威当时在北京，左宗棠在河北连镇。连镇位于今河北省沧州市东光县，与北京近在咫尺。因捻军阻隔，加上战事频繁，军行无定，左宗棠不敢接儿子来营，但也改变了原先不准来营探望的主意，要孝威等局势稳定后，由夏筱涛陪同来营。

儿子逗留在京，左宗棠利用这一空闲机会，安排他做一场善举，给他2000两白银，其中1000两用于处理家事，1000两用于资助无钱回家的落榜贫困考生。

处理家事有几笔开支需要孝威当即办理。第一件事是花500两白银为二弟孝宽领回主事执照。主事属清朝品级中较小的底层办事官吏，属"捐纳"，也就是花钱买官。这在当时是一种公开正当的行为。第二件事是花100两白银为母亲买高丽参治病。高丽参又称朝鲜参、别直参，产自朝鲜半岛，用作补气药。其他400两，左宗棠也安排了其他家事让孝威去办。

划拨1000两白银作为贫困生的资助金，左宗棠始终惦记着这件事。但他了解到多数人看完榜后已离京，如今仅小半数人未返。1000两周济后也许还有节余，左宗棠安排孝威将余钱存到夏芝岑处。

考生近帆冒险潜过捻军防线，到军营拜见左宗棠。因他参加本届会试，一举高中，奈何此时已无开销。

中榜考生本不在左宗棠资助的范围内。但同乡既然找上门来，左宗棠对他的第一印象也不错，于是以"助喜"的名义，送给他200两白银。

其他湖南籍贫困生的资助后续如何，今天已无从查知。但从左宗棠对近帆的资助中可以看出，左宗棠始终把握一点：既周济他人之困，又不让他人感到欠自己人情。

古人云："善欲人见，不是真善。"意思是说，帮助别人后希望别人牵挂、惦记，这不是真正的善行。但这封家书里写出来了，后人还是知道了，怎么解释呢？

只要不将做善事当作一件买卖、交易，想要收取现世回报，便是行真善。到了后世才被人知道，恰恰是真善的表现，因为不但救济了当事人，还可以唤起后世读者的善心，为世人树立榜样。

　　汉末，曹操将汉献帝迎到许昌，目的是"奉天子以令不臣"。汉献帝饥肠辘辘，能喝上热汤，吃上香米，对曹操自然感激有加。但曹操却说："许昌本就是皇帝本人的，我不过是帮你守着，现在还给你罢了。"曹操这么一说，献帝心里就舒服多了。

　　左宗棠资助贫困生与曹操资助汉献帝，其手段与目的大异其趣，不具备可比性，但处理人情的技巧，其实是一样的。

|同治八年（1869年）腊月十六夜、腊月十七日

与孝威等

孝威兄弟同览：

连接尔等来信，知眷集平安，尔母病体尚能如常，甚慰我意。

新添两孙，大者命曰念恂，小者命曰念恕，丰孙即易曰念谦可也。恂呼毅孙，以八月师进灵武，大申马逆之讨，除隐慝，决大疑，卒动天鉴也。恕呼恩孙，以十一月驻节平凉，洗冤泽物，宣扬朝廷仁泽，民以为恩也。此吾诒之穀也。

丰孙摹本字甚秀劲可爱，闻其喜读书，天性亦厚，尤为欢慰。但年齿尚小，每日工课断不可多，能念两百字只念一百字，能写百字只令写五十字。起坐听其自由，不可太加拘束。饮食宜淡泊，衣冠宜朴洁，久久自然成一读书子弟，便是过望。

吾家积世寒素，吾骤致大名，美已尽矣。须常时蕴酿元气，再重之积累，庶可多延时日也。

先生品既端，即是难得。勋、同性分本不高，难于开

晓，不能怪先生不善教诱也。最怕是轻儇刻薄之流，一经延致，便令子弟不成好样也。慎之。

大舅广东有信来否？光景何如？尔民在江西专想做官，三姐有信来，有"典尽押绝"之说。吾以四百两汇寄，尚未接其回信。将来看外孙能成人否。四姐苦命，在家有二姐同住，尚不寂寞，尔曹可敬事之如兄。

今岁湖南水灾过重，灾异叠见，吾捐廉万两助赈，并不入奏。回思道光二十八九年，柳庄散米散药情景如昨，彼时吾以寒生为此，人以为义可也；至今时位至总督，握钦符，养廉岁得二万两，区区之赈，为德于乡亦何足云？有道及此者，谨谢之，慎勿如世俗求叙，至要至要。吾尝言士人居乡里，能救一命即一功德，以其无活人之权也。若居然高官厚禄，则所托命者奚止数万、数百万、数千万？纵能时存活人之心，时作活人之事，尚未知所活几何，其求活未能、欲救不得者皆罪过也，况敢以之为功乎？

自入关陇以来，首以赈抚为急，总不欲令吾目中见一饿毙之人，吾耳中闻一饿毙之事。陇之苦况与浙江严州光景相似，而荒瘠过之，人民百不存一矣。狼最多。至于匪盗之害吾民者，必捕获尽法惩处，行吾心之所安，求不为儿孙造孽而已。尔曹试以此存之心胸间，纵常居乡里，亦足称善人也。

禁种罂粟为此间第一义。长发、捻、回之劫皆此毒酿成。今付《四字谕》一本与尔曹阅。

尔言延哥光景艰难，欲为其买田作久远计，于义甚当。吾非忘之也，特以延哥、和哥性质均非可处乐之人，愚而多财，将益其过，故每吝之，冀其从艰苦长些志气耳，兹竟无望矣。延、和有子，近并不知其光景何似，拟各予以千金之产和为我甥，岂可歧视，俾有饭吃，有衣穿，以完吾素愿。此项可从吾养廉项下划给，当致书若农观察拨交尔曹。

今年未寄银归，不知家中光景何如。二伯处每年二百两必应致送，以为甘旨之奉，可向若农处请之。此等琐屑事，我实无闲工夫着想也。

战事均顺，惟十一月初九日简绍雍以深入致败，绍雍中炮阵亡，营官姚连升、谭正明同殉，以致机局忽滞。诸军正逼金积堡，后路转运复梗，现正力图疏通道路。所幸诸军尚能稳札，后路援贼又经打败，或无他虞耳。

甘肃吏事、兵事均不可问，整理最难，以前署督庸妄太甚，而枢廷袒之也。近见我推心置腹，诸凡顾全，始感服，而枢廷之意始转。

金积堡马逆化濂①以新教煽惑回民，西宁、河州、口

---

① 马逆化濂，乃马化隆（又作马化龙）之污称。

外各回民均依皈之，潜谋雄长回部，诸回部奉为宗主。马化漋夜郎自大，封授伪官，自称大总戎，称官兵为敌人。频年陕、甘各回扰攘不宁，均此逆为祟也。穆将军三年前办此不了，遂以抚局羁縻之，并劾主剿之都将军以误国。其实中外无不知马化漋之终为异患也。该逆所居之金积堡当灵州秦、汉两渠间即唐之灵武，地险城坚，贸易通西北及北五省、蒙古各部落，擅茶马盐之利，富可敌国。庙堂以兵事方殷，以度外置之。阿拉善亲王因受其毒害诉于朝，并言穆用其银数万，求赏还。穆又自陈每年得马化漋粮数千石，其实纳贿亦不少。阿拉善王上书于我，痛詈穆将军。穆曾奏马化漋实是良回，隐以我为激变也。此公人亦老实，特为其谋主所弄，遂尔颠倒错乱如此。与旗员闹口舌是吃亏事，与前任争是非非厚道事。然事关君国，兼涉中外，不能将就了局，且索性干去而已。

我近来腹泄仍如常，每日或一二次、三四次、五六七八次不等。脾阳虚极，肾气耗竭，心血用尽，面目尚如旧，而健忘特甚。只盼陇事早了，当急求退休，断不能肩此重任。本拟接督篆即缴钦符，有言无钦符饷事更难应手，不得已仍拥此虚器，非我志也。

　　　　　　　　腊月十六夜平凉大营

票盐事，此间多以为请。盐务为腥秽之场，最易惑人视听。请颁部票，将来必又成根窝，曾侯与马毂山所以不决者此耳。天下有尽利无弊之事，尚待人献策者乎？吾湘自盐法更章，人多以此为利薮，士君子亦乐为之。恐变士为商，人心习尚日就凌夷，所益小而所损者实大，吾不以筹饷故为吾湘阶之厉也。极知芸阶、朴堂诸君，为陇谋甚工，为我之心独切，然我为大局计，为吾湘久远计，不乐为此也。

淀生已入都引见。曾岚生肯任事，少阅历，视事太易，信人太轻，时在身边尚可寡悔耳。时局方艰，人才日绌，吾之忧也。

黄子恒如肯来陇，当疏调之，恐其不耐苦耳，试询之。

正封信间，适奉颁到年赏。叩领之馀，以银钱两枚赏丰孙，两枚分赏毅孙、恩孙，荣君赐，志家庆也。丰孙学字甚知用心，吾深赏之，可传谕嘉奖。

　　　　　　　　　　　　　　　腊月十七日辰刻又书

立定家规，不支持后代从商

一、家教渐变，从"遵古制"到"尚自由"

同治八年（1869年）十一月，左宗棠从泾州进驻平凉，从代理总督穆图善手中接过陕甘总督印，正式行使总督陕甘之职。这时左家又添喜，孝威与孝宽之妻各生下一个白胖小子，加上已会读书识字的左念谦（丰孙），左宗棠已有3个孙子。

左宗棠开始教导儿子怎么培养孩子，他定下三条规矩：

第一，每日工课断不可多，能念两百字只念一百字，能写百字只令写五十字；

第二，起坐听其自由，不可太加拘束；

第三，饮食宜淡泊，衣冠宜朴洁。

这里不妨将左宗棠在孝威6岁那年立下的六条家教，拿来做个对照：

第一，早眠、早起；

第二，读书要眼到，一笔一画莫看错；口到，一字莫含糊；心到，一字莫放过；

第三，写字，要端身正坐，要悬大腕，大指节要凸起，五指爪均要用劲，要爱惜笔墨纸；

第四，温书要多遍数想解；

第五，读生书要细心听解；

第六，走路、吃饭、穿衣、说话，均要学好样。

比照读之，两者的根本不同是：以"古制"严规教育儿子，以"自由"为尚教育孙子。

左宗棠的家教为何前后有这样的变化呢？

这主要有两个原因：一则左宗棠已经发现，儿童教育严不如宽。孝威从小被限制自由严加管束，结果成年后对外界诱惑的抵御力差。他进京会试时我行我素，弄得老父亲差点儿绝望。与其这样，不如让他从小自由不拘束，提高抵抗诱惑的免疫力。二则爷孙"隔代亲"，父亲总希望儿子像自己，使父子间多仇怨，对孙子则不会如此要求。

二、宽容已过锻炼期的亲人

人上了年纪，对天伦之乐会生出一种本能的渴望，左宗棠也不例外。军国大事堆积如山，他每天忙到很晚，躺到床上仍想家人。不想还没事，一想，反倒放心不下。

这并非多虑，现实生活中有许多反面教材。

左宗棠的岳父周衡在生前曾做过户部侍郎，算是富贵人家，但他死后，家境每况愈下。左宗棠的大舅子周汝充年轻时本是一个积极上进的青年，常常与左宗棠书信交流生活与学问，谁知科场不顺，随后他破罐子破摔，为躲避世俗议论，干脆花钱在广东买了个地方官头衔，闲居无事，坐吃山空，每年专等妹妹周诒端拿钱救济。一想起这件事，左宗棠心里就有说不出的酸楚。

三女婿黎尔民的情况也不妙。楚军创办时，他入了军营，因吊儿郎当、不学无术，常挨左宗棠批评。后来年纪大了，再挨批评已不好意思，于是他跑到江西去求官。在给家人写的信中，他打肿脸充胖子，佯装自己很风光。等到实在混不下去了，他只好典卖家当，导致家里值钱的东西全进了当铺。三女左孝琳无奈，只好向娘家求助，哭诉丈夫"典尽押绝"，希望父亲救济。左宗棠虽然气不打一处来，但到底同情心被唤起，给黎尔民寄去400两银子。

这真是一个令左宗棠尴尬的局面：周汝充"啃妹夫"，黎尔民"啃岳父"。这还不算，更多亲戚朋友排队等着他去救济。

想到这里，左宗棠都快生不起气来了。亲戚们又不缺胳膊少腿，怎么都混成这样？归根究底，还是从小家教不严，孩子在成长路上学坏了，成人后已改不过来。

左宗棠很清楚自己是如何走到今天的，就是严守家规，勤奋自强。左家先祖在南宋时迁到湘阴，家教甚严，积善累德500多年，打好了底子，而左宗棠又碰上了时代机遇并适时抓住。人的机遇不常有，但本事不可缺。有一技之长，不至于吃不上饭；一旦机遇降临，可望出人头地。

依靠祖宗500余年的积德，左家从贫寒之家变成富贵人家，但问题也由此而来：骤然发迹，子孙成长环境发生变化。富贵环境对子孙成长不一定有利。

那怎么办呢？将积累清零，让子孙后代从头开始。因此左宗棠在信中说："吾家积世寒素，吾骤致大名，美已尽矣。须常时蕴酿元气，再重之积累，庶可多延时日也。"

怎样将历年积累清零呢？最简单直接的办法就是大笔捐款做慈善。

当年湖南遭遇特大水灾，左宗棠拿出一万两养廉银捐赠给灾民。他不将此事上报于朝廷，避免"以善邀功"的嫌疑。

对于早年丧父、孤苦伶仃的长侄左世延，以及总不争气且一堆坏毛病的外甥和哥，左宗棠也宽容待之，每人送1000两白银接济。毕竟，两人已经成家立业，都需要养活妻子和孩子。

自己的4个儿子呢？则依然每年200两银子，寡淡过日子吧。

厚子侄而薄亲子，孝威兄弟4人难免心生抵触。左宗棠也意识到了：儿子们嘴上不说，心里难免会不平衡。所以信末象征性地表示一下，赏丰孙左念谦、毅孙左念恂、恩孙左念恕各两枚银钱。这名义上是奖钱，事实上只能叫精神奖励，左宗棠对儿孙们如此抠门，是有意让孝威、孝宽感觉到：不能指望父亲，得全靠自己。

儿子们靠着父亲给的一点儿基本生活费养家，常年在拮据中度日，愁眉苦脸。

无计可施之际，一个发财的好机会不期而降。

三、商人可以多读书，士人不要做商人

湖南此时兴起一门发财的新门路：贩卖食盐。

盐、铁在古代是特殊商品。清朝早中期食盐市场实行"纲盐"制度，严禁私人买卖。

"纲盐"制度弊端巨大，导致盐的价格畸高，贪腐滋生，地下私贩私卖猖獗，老百姓怨声载道。道光十一年（1831年），两江总督陶澍发起盐政改革，着手改"纲盐"为"票盐"，将食盐推向市场，只要手持政府发放的盐票，都可以参与食盐自由买卖。市场化消解掉了垄断的痼疾，使食盐市场变得阳光健康，欣欣向荣。其间这一政策又几经反复。左宗棠写这封信时，朝廷已经恢复"票盐"制度，只要有本钱、有关系，谁都可以贩盐。

因食盐暴利，扬州盐商暴发者多。湖南食盐市场刚刚放开，左宗棠的家人、亲戚看着都心里痒痒，跃跃欲试。他们想利用左宗棠的声望、关系、资源，去湖南省政府打通关系，弄几张盐票。

对大权在握的左宗棠来说，为家人多弄一些盐票只是举手之劳，但他严词拒绝了。理由是，左家后代的主业是学习文化、弘扬道义，而商人的主业是流通经济、赚钱富己，这两个阶层桥归桥，路归路。士人变商人，弊多利少。因为士人专注的是

"义"，关心的是社会公共事务与社会公共利益；变身为商人，则"义"与"利"搅和，一不留心，会失去士人的风骨与气节。所以他说："然我为大局计，为吾湘久远计，不乐为此也。"

左宗棠的这个观点有问题吗？

现在我们会问：商学院培养出来的人才，不做商人干什么呢？

古代私塾没有商学院，现今工商类学校培养的人才，本来就是预备商人。而传统意义上的读书人指士人。

左宗棠只是不赞成士人经商，但并不反对商人读书。

为什么左宗棠专门写信跟儿子说起这事呢？他担心儿子们艳羡有钱人家，也纷纷改行做商人。左宗棠告诫儿子们，要稳得住心，不要从商。

在左宗棠看来，术业有专攻，儿子能做一个称职的士人已经十分不容易，哪里还有多余的精力去做"冒牌商人"？何况，"变士为商，人心习尚"，如果读书人的心思不在天下大义、社会和国家正义上，却透过钱眼去看待天下万事万物，最后得了一点利益，却损失了不能用金钱去衡量的道德与正义，那才真叫"因小失大"。

| 同治十一年（1872年）五月十七日

与孝威

前函未发，复接四月十七日书，具悉家中光景。二伯忧伤成疾，何能猝愈？应备一切，应早料理。癸哥在浙，有信归否？官可不作，子职不可不尽也。

九伯、十伯、楷叔近来可免饥困，聊慰我意，每月馈食可缓。然吾每见世俗骨肉，一经异居便如路人，各私其妻子，视服内兄弟子侄毫不介意，心窃以为不可。尔曹但能时常在意，庶毋伤天性，可以教家，可以保世也。

二舅决意移居县城，当有以周之，毋失其欢。尔母兄弟仅存一矣。孟翔未婚之妇如果过门守贞，则前二百金尚不足，当益以三百金，一赠贞女，一为二舅甘旨之奉。或为经营生计置一恒产，月取其息，归之贞妇可耳此节暂勿出口，望门守节必视其本人立志如何，此大难事也。

少云、大姊偕居福源巷，小淹是否尚留人住？诸孙读书有进，吾闻之喜。但须令其勿囿于科名之学，多读正书为要。

皓臣交查许德顺子已正法之许斌南一节，已请张介卿查明付来。刘自申系彭将清和之外侄，常往来营中，专带银信，从未荒唐。许德顺得此可赡其馀年。皓臣询明后，尔可告知我，庶免记挂。恩房师有信与尔，以其子相托，却不言欲何官职。兹将其信付阅，尔可写信复之。

另禀廉项五千，既已拟作各项急需之费，可取用之。吾初意拟作归时饮宴之资，乐吾余年，如二疏云云者。现又积有数月，除提兰州书院膏火并恤廉吏外尚多馀剩，此项即交尔用无不可者。惟须谆告宽、勋、同，俾知愚而多财之义，晓然于不以多财贻子孙为父母爱子之心其可也。

关陇春夏甘霖叠障，麦豆可望丰收，群言十数年来未有之祥。河回缴马三千馀匹，散给贫农，助其力作开垦除倒毙及发驿外，实散民间者不过千数百匹，而垦荒甚得其力，较上年为多，民忘其亡，路无饿莩。河回遍立长生牌位，此诚心勤民之效亦贪天之功。端六日雷震固原礼拜寺，火球入寺，延烧数时，附近居民无一伤者，汉、回共诧为奇。附以告尔。

五月十七日

防止兄弟"割胞断亲"、子孙"愚而多财"

一、以儒学唤醒"亲亲之爱"

自周诒端1870年病故，左家进入多事之秋，家人相继亡故，悲伤之事接二连三。如今，左宗棠的二哥左宗植又病入膏肓。

左宗植生于1804年，这一年68岁。前段时间，左宗棠还在安排儿子孝威为二伯父筹备庆祝七十大寿之事。长沙府习俗，"男做进，女做满"。但接到孝宽的信后，他知道二哥为其子丁叟过世无法释怀，伤心致病，看来这个寿恐怕祝不成了。左宗棠安排儿子们近期多陪左宗植聊天，哄他开心。一个星期后再接到孝威的信，详细了解了二哥的生活起居后，左宗棠马上预感到，二哥恐怕不是伤心致病那么简单，要儿子们赶快通知左宗植在浙江做官的儿子左癸叟，早早预备丧事，免得临时手忙脚乱。

左宗棠的判断是准确的，信寄给左癸叟不到一个月，左宗植便撒手人寰。

同辈人相继死去，儿辈悉数成家立业，孙辈迅速成长，家庭成员日多，社会关系益广，复杂程度增加。左宗棠客居边塞，无法对子孙耳提面命，那么他怎样树立家风，教化后人呢？继续通过书信教导。

左宗棠认为：兄弟本是同一个娘肚子里出来的，流着相同的血，喝一口缸里的水，吃一口锅里的饭，天性应相亲相爱。为什么成家独立后，不但血亲屡被割断，就连亲情也荡然无存呢？原因有二：一是争夺家产，各谋私利；二是妻子吹枕边风，离间血亲。

要防止兄弟间割胞断亲，关键靠儒家的"亲亲之爱"。

二、立"贞女"以维系家族和睦

左宗棠打算在外家人中树立一个正面典型，作为家族妇女的榜样，此人是已故外甥周孟翔尚未过门的媳妇。

媳妇没过门，周孟翔已过世，那她可以跟周家断绝关系，再嫁人就是。但清朝人一般不这么做。

清朝婚礼分为六个阶段，称为"六礼"，依次为：纳采、问名、纳吉、纳征、请期、亲迎。只要双方家庭同意，约为婚姻，便不能再反悔，在今天相当于已经领了结婚证。清朝女性没有"离婚自由"，只规定男人可以"休妻"。所以，只要男方家庭不宣布退婚，就等同事实婚姻；而男方退婚，女方家庭则视为耻辱。也就是说，一旦订婚，女人毕生的生死福祸，便全部拴在这个男人身上。所以，周孟翔虽然死了，他的未婚妻必须端着灵牌，举行名义上的婚姻仪式，且终生不许再嫁。

清代为此类女人发明了一个专有名词，叫"守贞"。守一辈子活寡的女人无上光荣，死后可以立贞洁牌坊。这名义上是表彰死者，实际是做给后世妇女看的，告诫她们要严守"三从四德"，嫁鸡随鸡，嫁狗随狗，遵守妇道，牺牲自己，成全家人，以维系家族永久的和睦与长久的兴盛。

左宗棠为了以儒家礼制教育儿媳妇，预备拿300两银子作为周孟翔未婚妻的"冥婚"礼金，还计划为她买一个商铺，让这个小脚女人靠收取利息过日子。对这种严重牺牲女性权利、违反人性的做法，左宗棠也意识到有问题，所以他提醒孝威，这只是自己目前的想法，先别告诉对方，因为嫁到权贵人家守活寡，是件老大难的事情，必须本人有做"贞女"的志向，才敢做决定。

清人鼓励女人守活寡，为达到此目的，用名誉诱惑女人牺牲一切，回报是死后可以将画像挂在墙上，名字刻在碑上。今天去看，女人可以没有这个志向，但当时的女人不能没有。

左宗棠跟儿子商量的这个办法，明显是个馊主意。当然，那个时代的人也不可能有现代人的想法，所以也不能责怪左宗棠。

比较去看，曾国藩也有五个女儿，其中两个女儿被浪荡女婿活活折磨至死，手握重兵的曾国藩也不敢逾越儒家礼制一步，将女儿接回娘家来保护，今人看来这已是迂腐。左宗棠这方面也同样有点迂腐。但与同时代的曾国藩相比，左宗棠还是要开明一些，也人性化一些。

三、教导后人追求"贤而有财"

写这封信的前段时间，孝宽瞒着父亲，花了2000两白银修房子，经父亲责问后，马上写了一封检讨书。看来，左宗棠是一个很看重态度的人，既然儿子已经深刻认错，那就不深入追究了。

他开始意识到，子女们都成家立业了，需要用钱，自己常年捐款，家里用度紧抠，过于严格，儿子们对此口头不说，心里一肚子意见，长期下去，也不是个办法。所以这次左宗棠寄回5000两白银，由孝威主持家里的人情往来，让他这个"家督"名副其实。

陕甘总督任上的养廉银多，左宗棠担心儿子们养成花钱大手大脚的习惯，于是他立下"贤而少财"的家规，以防"愚而多财"。

左宗棠本人是从社会底层一步一步奋斗上来的，他比谁都清楚，想在社会竞争中胜出，要靠人品与能力，而不是金钱与权力。"贤而少财"，总有"贤而多财"的时候；"愚而多财"，守着一堆金银财宝，有能力的人会将你竞争下去，贪财好利之人会来忽悠你，最后落得人财两空。

左宗棠秉持"中庸"的财富观：财多固然是个负担，但家用缺财也不行，怎么办？"贤而有财"最好。

左宗棠这一家教理念是受到了林则徐的启发。林则徐说："子孙若如我，留钱做什么？贤而多财，则损其志；子孙不如我，留钱做什么？愚而多财，益增其过。"这一理念是左宗棠给每个儿子的遗产定在5000两白银的依据，既发不了财，也饿不着，这点儿钱只能做奋斗基金。

楚军军营此时驻扎在安定大营（今甘肃省定西市安定区）。此地位于甘肃中部，西北靠兰州，东南连通古都西安，是中原通向西北的交通要道，古"丝绸之路"的必经之地。他开始考虑如何通过商业手段，让古"丝绸之路"重新焕发生机与活力。

不为家人积财，但得为国家理财。

光绪元年（1875年）四月七日、四月十七日、
四月二十六夜三更

与宽勋同

宽、勋、同知悉：

接同儿信，知刘克庵已在八尺坳觅得穴地，当令立契成交。惟山向今年不能安葬，又请克翁另择，未知克翁许为久留否，续又觅得佳处否。我意如八尺坳记是刘怀清祖住处地可安葬，而今年山向不开，即留待明年举行葬事亦无不可。前言任家冲有地可葬，而山价太贵，我已允重价购之王若农信来，已付银千两，不知此次曾否请克翁看过。葬事实难妥速，我远在数千里外，不能遥揣；即在家，亦不能选地择日，不过是事请人指示耳。尔等现在茫然无措，亦无足怪。只是将此事放在心上，求可以安乃兄之体魄，不草率了事就是。馀详前谕，不多及。

四月七日书

今年乡试，尔等是否入场，我亦听之，但不可要关

节，切切。

　　现奏甘肃分闱届时举办，应作监临。此邦人文当可望起色。

　　丰孙字好，近时已否开笔学作文章？恂、恕、慈读性何如？功课不可太多，只要有恒无间，能读一百字，只读五六十字便好。

　　何大伯子贞之丧，其家并未致讣，不知家中曾否致吊。四十年文字之交未可疏略，尔等可代作我唁，并送赙银百两，亲诣致奠。吴南屏年伯处久拟作唁函，旋以事冗未及为，尔亦宜先致赙银二十两。曾侯夫人丧亦有讣至，容由此间再寄唁信。并谕。

　　　　　　　　　　　　乙亥四月十七日

　　三月二十四日曾写家信由鄂台转递，即言克庵中丞已为尔兄相定八尺坳地，而陈吟舫兄力云时日不利，则缓至来年营葬亦可。想尔等接得此谕，当有定见。葬事以看地为难，选日亦未可草草。克翁所言蒋力夫得有秘传之说，不知究竟何如，凶煞恐非可制伏也。诹吉迟一年，事所常有，不可过于着急。尔母葬地既不相安，自宜改葬。三合土无离棺之理，不解棕衣何以朽碎。山不生草，自非吉地。将来我欲合葬，尤须另择为是。二姊自尚未祔葬，可趁此时早将尔母葬定再说。得地既如此之难，我意但求平冈干净处所可免水蚁者营葬即是，不必讲堪舆也，已有信求克翁中丞代为谋之。伯和所刻墓志甚好。葬期未定，毋庸迫促。

修城之捐改为移建书院，曾侯意以为然。而主僧西枝又肯从仲云之请定局，甚为妙事。将来我力有馀，尚当添助膏火耳。

现奉谕旨督办新疆军务，应预筹出关驻节。衰病馀生，何能担荷重任？惟密谕"英、俄有暗约扰我西路之说，英由印度窥滇之腾越，俄窥喀什噶尔，使我首尾不能相顾"云云。现值俄使由湖北、陕西前来，到兰接见后，由凉、甘、安、肃赴哈密，由哈密归国。所遣两使名为游历，实则窥我虚实。此时西事无可恃之人，我断无推卸之理，不得不一力承当。我既不能即赋归来，尔等久留湘中亦无是理，大约俟尔兄葬事毕再商议定局可耳。

新政诸凡详慎，悉当人心，薄海臣民之福。惟人才尚不如前，是为可虑。即如陕甘一席，私中推择亦少惬心之人，何论十八省疆圻重寄也！一叹。

甘肃分闱已定，数千百年旷举，足慰士心。兰山书院肄业者多至四五百人，各郡县亦多闻风兴起，或者自此人文日盛亦未可知。手此告尔等。

　　　　　　　　四月二十六夜三更书于兰州节署

办事依赖文化，读书贵在实行

孝威病亡之后的一年多，《左宗棠全集》"家书卷"部分没有留下这段时间的家书。什么原因呢？一则，左宗棠深陷丧子之痛，久久难以释怀；二则，《左宗棠全集》"家书卷"部分是以四子左孝同晚年搜集整理《左文襄公家书》为底本的，后遭遇辛亥革命，作为被革命的对象，兄弟四散天涯，其间即使左宗棠给孝宽、孝勋写过信，也可能遗失了。

一、办事少文，刘典休假回乡

这封信写于1875年。这年，次子孝宽28岁，三子孝勋22岁，四子孝同18岁，用今天的标准看，3个儿子都已成年。

但给父亲写信由孝同执笔，让人感到蹊跷。孝威去世后，次子孝宽成为"家督"，这封信理应由他来写。孝同执笔，可能出于三个原因：孝宽做文章能力有限；孝宽以前被父亲骂怕了，提笔有心理障碍；孝同在三兄弟中文笔最佳。

第一封信专门商量孝威的墓地。古人最看重人生的两件大事：一曰养生，二曰送死。给死去的儿子找一块吉地，也是人之常情。左宗棠委托陕西巡抚刘典（字克庵）帮孝威相地，刘典看中湘阴县八尺坳的一块地。

刘典身为陕西巡抚，一省的军政大事都忙不过来，哪有时间为左宗棠忙家庭闲事呢？

原来，他已经请假回湖南宁乡了。说请假是为了好听，事实等于辞职。

是刘典能力不行吗？在陕西巡抚任上，他干得还是很出色的。《清史稿》记述他："治善后，集流亡，举屯牧，恤艰乏，革差徭。又以其时浚郑白旧渠，关中渐喁喁望治矣。"也就是说，刘典在陕西善后建设中不但安顿流民，奖励生产，抚恤弱势群体，取消苛捐杂税，还派军队重新疏通了郑白渠，关中一带渐见升平气象。

陕西平定后，适逢地方财政拮据，刘典实行精兵简政、减饷缩编政策，规定楚军及地方绿营，一律按原定工资的70%发放。他急于建设一个富强的陕西。他致力开源节流，思路并没有错。但"节流"这种事急不得，前期思想工作尤其重要。刘典强行降薪，惹恼了出生入死的众将士，一时间"士卒不无怨望"。军队人心涣散，队伍越来越不好带。一年后，刘典众叛亲离，于是借机向朝廷请了探亲假。

从此举中可以看出他有些"书呆子气"，也能看出他长于"武功"，而短于"文治"。他曾在家乡宁乡创办云山书院，自题一联：

为将十年，每思禁暴安良，愧无格致正诚本领；

读书万卷，须知明体达用，不外君臣弟友常经。

对联内容了无新意。说刘典的成功主要靠执行左宗棠的战略构想，是个一流的"执行家"，大致不差。

二、重视实践，左宗棠教孙"实行"

左宗棠如今已经完全不信风水。他认为，棺材安放地下，只要遗体不被水淹，不被蚂蚁咬，随便葬在哪里都可以，"不必讲堪舆也"。这或许是从孝威为母亲周诒端选墓地得出来的经验。

三年前，孝威为母亲周诒端选墓地并没选好，如今出现三大问题：一是所葬之山不生草，二是墓穴内的三合土离棺，三是陪葬的棕衣五年后离奇朽碎。

左宗棠对风水一开始就半信半疑。通过这件事，他醒悟孝威上了风水先生的当。

左宗棠不迷信，他相信"运势"：家运顺，自然能碰上好地，所以，不要刻意选地，一切顺其自然。

为父母选墓地，能从侧面反映出一个人的眼光，考验一个人的办事能力。墓地都选不好，说明眼光有问题，其他能力也很难高到哪里去。

　　结合孝威的经历来看，他的书本知识是不错的，但明显缺乏社会经验，风水先生贪图左家钱财，为了从土地中赚高额差价，故意拿这样一块光秃秃的坏地来忽悠他，考验他看不看得出来。孝威居然真的上当了，说明他确实是"书呆子"。上过风水先生当的人，生活中的其他事情也免不了上当。他病急乱投医，乱服药，从个人判断力方面看，属同一原因。

　　左宗棠这段时间自我反思，也意识到自己以前对儿子们要求太严格了。规定太多，束缚太死，导致儿子们阳奉阴违。所以这一年乡试，他破例允许3个儿子同时参加，唯一的要求是不能打父亲的招牌找官员疏通关系，混个举人。

　　对丰、恂、恕、慈4个孙子，他也一改从前教子的严格要求，尽量以一种慈爱之心，遵从他们自由的天性。他在信中嘱咐儿子："功课不可太多，只要有恒无间，能读一百字，只读五六十字便好。"

　　左宗棠的理念一直以来都很清晰：学习书本知识固然重要，但更重要的还是要从小锻炼动手实践能力。

　　关于如何学以致用，左宗棠写下一幅对联，作为子孙后代的指南：

　　　　纵读数千卷奇书，无实行不为识字；
　　　　要守六百年家法，有善策还是耕田。

| 光绪三年（1877年）五月初四夜

与孝勋孝同

谕勋、同知之：

　　前接孝宽禀，知孝勋夫妇有赴浙祝寿之说。嗣接若农观察来信，知已由鄂搭坐轮船赴宁，不久仍可同归，殊为悬系。数千里夫妇同行，途间许多不便。又搭坐轮船航海，无可倚信亲丁护送，何能放心。汝辈安坐家中，但知轮船迅便，不知近日轮船失事之案层见叠出，甚可耽心。祝寿非紧要典礼，不必夫妇同行。数千里航海宁亲，尤非稳便。事前并不禀告老父，候示遵行，又与礼大有不合。勋性柔暗，宜其不明道理，宽亦听之，何也？此信到湘，计勋已回家，嗣后不准任意妄行，并传谕三媳妇知之。

　　宽信云三月底来肃，并言过鄂时再由鄂台寄信。现已四十馀日，未接只字，或三月底尚未动身耶？抑沿途阻滞耶？

　　同在家潜心读书为要，今岁未延师训课，尤宜检束自勉，不可放肆废学。吾老矣，军事羁身，去家万里，儿曹成败非能预知，亦实不暇管教，尔等成人与否亦不在意，只好听之。丰孙辈当渐有知晓，尔等能以身作则，庶耳濡目染，日有长进，不至流入纨绔恶少一派，否则相习成风，不知所底矣。吾所望于儿孙者，耕田识字，无忝门风，不欲其俊达多能，亦不望其能文章取科第。小时听惯好话，看惯好榜样，长大或尚留得几分寒素书生气象，否则积代勤苦读书世泽日渐销亡，鲜克由礼，将由恶终矣。

二舅信来，似光景甚窘，望吾寄赠，却不言及多少。汝母骨肉之亲，现只剩他一人，我必当尽情尽礼，以副汝母之意，且俟宽儿到肃再说。

此间战事极为顺利，惟饷源早涸，而悬师绝域，转馈更艰，思之寝食俱废。折稿饬抄寄尔等一阅。

丁丑五月初四夜肃州

"护子"过深，责之必切

左宗棠在光绪三年（1877年）农历五月初四晚上写这封信时动怒了。左宗棠恼怒的原因是：三子孝勋瞒着父亲，带着妻子去浙江为人祝寿。据上下文推测，寿者可能是孝勋的岳父。

祝寿属人情往来，是件可大可小的事情。按当时的交通条件及战后秩序，远行千里为人祝寿，是件繁难且充满风险的事情。孝勋实际上是想借祝寿的名义，带妻子风光旅游一回，左宗棠对此心里有数。

左宗棠倒不怪儿子花钱，对于该花的钱，左宗棠从不小气。因近来海上事故频发，坐船极不安全，他生怕孝勋夫妻有个三长两短。

左宗棠本能地想将家人、朋友全部置于自己的翼下，给予绝对安全的保护。一旦发现儿子想脱离自己的翼护，他就会处于焦虑之中。左宗棠写这封信的火气，很大程度源于此。

批评儿子需要拿出具体理由。左宗棠的理由是"事前并不禀告老父，候示遵行，又与礼大有不合"。这话是没错，问题是，如果出发前先跟父亲打报告，孝勋还能成行吗？他明知会挨批评，仍采用"先斩后奏"的方式，至少这样可以满足一回独立生活的愿望。

左宗棠的长子和次子都做过"先斩后奏"的事情。1868年，长子孝威瞒着父亲，进京会试；1872年，次子孝宽瞒着父亲将长沙司马桥的住宅重新装修了一遍。

3个儿子虽"违礼出格"，但都是发生在成家立业之后，今天看来，这应该也没什么不对。

由此可以看出，儿子们的独立意识颇有点儿像左宗棠本人，都比较强。这也难怪，青春年少，谁不想做一番独立的事情来证明自己，找点儿存在感？按说，这是叛逆期必经的阶段，作为家长完全可以理解。

左宗棠却不这样认为，他仍想时刻关心儿子，既当爹又当妈，将儿子们置于自己的保护之下。

"护子"过深，责之必切。我们不禁感叹：这是以爱之名的"伤害"啊。

孝威病死后，左宗棠反思过，发现自己的教育观念有问题，决定以"自由"取代"严格"，要求儿子们按这个标准教育孙辈。但当真正的"自由"到来，他又无法容忍，将"论人太尽"的缺点再次暴露出来。

这次他本来在单独批评孝勋，但说着说着，连带将孝宽也批评了。"勋性柔暗，宜其不明道理，宽亦听之，何也？"弟弟不懂事，孝宽作为哥哥，放任弟弟，怎么解释？

问题是，孝勋都成家了，他要带媳妇去祝寿，孝宽管得着吗？

以丰孙左念谦为首，4个孙子也陆续读书了。左宗棠因为还在气头上，教育儿子们如何管好孙辈，这里用了一句非常刺耳的话："不至流入纨绔恶少一派。"他还是控制不住自己刚直的天性。好在这封信只是给两个儿子看的，如果被孙子看到，其自信心难免会受到打击。

左宗棠带兵打仗出身，见惯了战场杀戮，出手、出口都比较重，这也可以理解。他治国理政有个思路：除弊即是兴利，弊除则利生。但这一思维转移到教育上，是否可以说，杜绝孩子沾染恶习，没有恶习便现良品？也不是没有道理。问题是，治国理政，法制无私无情；教育孩子，贵在以情动人，将心比心。治国理政需要批判与改革，教育孩子需要鼓励与赞扬。两者不能混为一谈，更不能完全照搬。

但左宗棠在此信中的家教内容，仍然有可取之处。比如他在信中说："吾所望于儿孙者，耕田识字，无忝门风，不欲其俊达多能，亦不望其能文章取科第。小时听惯好话，看惯好榜样，长大或尚留得几分寒素书生气象。"这就很有道理。如果真能够照着他说的这些去做，即使后代天资有高低，也定不至于出现败家子。

左宗棠其实已经比较清楚"自由教育"的正确与重要性，但眼下运用起来，还是有点儿不顺手，也印证了"江山易改，本性难移"的俗话。

与孝宽孝勋

　　我以望七之年驰驱王事，人臣义分则然。自浙闽移督陕甘无数月安坐衙斋者。时事纷纭，不遑内顾。尔等已成人授室，应分留照料家务，免我分心；应分遣一人西来侍我朝夕，此为人子者之义分也。孝宽归后，勋、同应一人来甘省视，固不待言。因乡试在迩，耽延数月，榜后旬日，孝同始由湘起程，尚不足怪。但念谦兄弟年方稚弱，无父无母，实堪怜惜，何能挟之西行，远道风霜，赴数千里寒苦边关？设有疾病，难觅医药，徒使我添无数牵挂。尔等如以老父、亡兄为念，岂应恝然置之？尔生母年已六十有六，到此不能伺候我，翻须我照料，尔等当亦知之。前年孝同曾说，下次西来，带念谦等同行，我即斥其不可。今得其十月初鄂来之信，闻已换船溯汉而上，尚未得其行抵襄樊之耗，看来此月内尚不知能到西安否。挈眷远行，又正值数九天气，令我悬悬。

　　最可怪者，闰三月以后即未接得宽、勋一字，大约因孝同此行非父本意，惧父阻截，意将此段瞒过耳。而我屡次所寄谕函询问各事，亦概无一字见复，何耶？尔等或谓孝同见面可当面细说，特不思七八个月不寄家信是何心肝！书至此，无可再谕矣。

十一月廿八日字

坚执"心术"，得理不饶儿子

自光绪五年（1879年）农历闰三月接到家信，到同年十一月二十八日，长达七八个月的时间，左宗棠连写数封家信，都没有得到儿子们一封回信。什么原因呢？

前几个月，左宗棠本人也不得其解。

但后来，他认为：3个儿子今年都要参加乡试，他们都想等考试结果出来，再来甘肃面见父亲，将家里的情况当面向父亲汇报。

左宗棠显然不能容忍儿子们的这种做法。理由是，做父亲的几个月接不到家人的只字片语，对家务事情、家人安恙全都两眼一抹黑，对交代的事情落实与否，也心有悬寄。可想而知，左宗棠的心情是何等焦虑烦闷！儿子们这是完全不考虑父亲的感受！这种事情，孝顺的儿子做不出来。

一、孝同瞒带家眷，有误

左宗棠没有猜错。他写这封信时，四子孝同已经参加完乡试，正从湖南出发来甘肃，此时在赶往湖北襄樊的路上。

但儿子们为什么同时哑口不通音信？

左宗棠自己可能都没想到，一个重要原因是：他在光绪五年闰三月二十四日的家信中交代儿子们办的一系列亲朋接济与社会慈善等事，儿子们既不愿意做，也做不好，因此故意装聋作哑，试图敷衍过去。

读者如果还有印象，孝威在世时，也发生过几次同类事情。父亲一交代办这类事，孝威要么在信中避而不谈，要么干脆不回信。

更惹得左宗棠不高兴的是，孝同出发来兰州时，带上了生母张茹与大哥孝威的三个儿子。左宗棠说，你们的生母今年已经66岁高龄，来到兰州不但不能照顾我，反过来还需我照顾，为什么来之前你们就不想想再做决定呢？尤其是这次带念谦三兄弟来，完全是糊涂的决定，小孩子哪里受得了西北的高寒？万一生病，有个三长两短，你们三兄弟对得起死去的大哥吗？

孝宽三兄弟为什么将生母张茹送来军营与父亲见面呢？

一则，让父母在衰病之年最后能够见上一面，再则也有改善母亲生活条件的意思。左宗棠每年寄回家里200两银子，一年200两银子的生活水准确实太一般，稍微碰上多花点儿钱的事，就捉襟见肘。加之，孝威的长子念谦又由张茹抚养，他们的生活条件能好到哪里？只能过普通生活。而念恂、念慈两兄弟指定由孝宽三兄弟代为共同抚养，这也是个累赘，毕竟孝宽几人都有了自己的家室，而父亲历年来又没有多给儿子们一两银子，这样抚养起孩子来自然有点儿吃力。这次全部带来军营，也有点儿将责任推卸给父亲的意思。三兄弟再老实都明白：已经拜相封侯的父亲多养活三五口家人不费劲，就是再多养活三五百人，也不在话下。

左宗棠对任何不能按自己意愿如质如期办好事情的人，轻则提醒规范，重则批评惩罚。这一个性让他在官场上扶摇直上、平步青云；但到了家庭中，骂得儿子们全部心生抗拒。儿子们被骂乖了，被骂出了经验，只做不说，这使左宗棠更加生气，由此恶性循环。

早在1842年，胡林翼就提醒过左宗棠，不可"论人太尽"。左宗棠其时颇不以为然。此前，他曾骂隐情不报的孝同是"闷嘴葫芦"，称他"别有肺肠"。好在孝同此时早已成年，性格已经成型，心理也能承受。如果像孝威那样，在十三四岁的少年时代就挨此重骂，难保不被骂得破罐子破摔。

孝同是幸运的，有3个哥哥排在前面，父亲骂人时大多看不到他；等挨到父亲的责骂，他已经是成年人了。教育方式上未得父亲的坏处，教育观念上又习得父亲精华，这大约也是孝同在左宗棠4个儿子中最有出息的又一个原因。

二、"心术"猜心伤情，有失

脾气暴烈之人很多是刀子嘴豆腐心，骂起人来不饶人，内心其实往往既善良又脆弱，而且很容易伤到自己，左宗棠也不例外。

批评完儿子，他跟儿子再说起自己，竟然有点儿可怜兮兮："我头白临边，加以衰病侵寻，朝不谋夕。"白发老人自身难保，此情此景，听来别有一种悲情。

父亲在别人面前也许会逞英雄，到儿子面前便没了底气，毕竟儿子是父亲的掘墓人。

左宗棠的"不原谅"性格，在这封信中也头一次明确地展露了出来："特不思七八个月不寄家信是何心肝！书至此，无可再谕矣。"他不想再跟儿子们写信教育了。或许他此时也想到了，子大不由父，不能改变的事情，他既然管不了，也懒得再操心，自己唯一能做的，就是心不想不烦。

这封信果然是一个转折，自此之后，左宗棠与儿子们的书信，再没有当年那样掏心掏肺、用尽心意、着力鞭策，而是断断续续、就事论事了。

左宗棠的学问根本是儒学"心术"，他可以将自己的心掏出来给人，但一旦遭受心灵创伤，理性就会取代情感，意味着关系的疏离。理性如左宗棠尚且如此，中国"主情、主心"的文化对人的困扰，可见一斑。

言传身教，"模范父亲"是这样炼成的

国人有为儿孙积财富以旺后人的传统。

后世传闻，李鸿章为子孙后代积累了2000万两白银的财产。左宗棠如果聚财，可以超过李鸿章。他的私账支票，一概由老部下胡雪岩在开。

身以侯门之贵，湘阴左家无疑是"富贵之家"。从发迹时起，左宗棠着意避开"富贵陷阱"，主要教导后人"惜福保家"，从而保证家族繁荣昌盛、世代绵延。左宗棠本人是清朝当之无愧的"模范父亲"。

下面从三个方面讲述左宗棠是如何做"模范父亲"的。

一、早年尽力让儿孙们经历、体验社会艰苦，在无依无靠中锻炼出真本事

左宗棠发迹后，后人享福显而易见。身为陕甘总督之后，孝威在湖南受到官场与学界的特别对待。同治七年（1868年）三月初一，左宗棠写信告诫他：你年轻学浅，又无阅历，切记

"凡事以少开口、莫高兴为主"。

同治元年（1862年），左宗棠升为浙江巡抚，家人开支日增，经常向他伸手要钱。这时起，左宗棠开始意识到，家族成长路上出现了"富贵陷阱"。

其时，左宗棠虽握军事实权，官衔仍不过是"三品京堂候补，太常寺卿"的虚职，相当于今天的副省级干部。这在湘阴县已是大官。传统社会讲人情世故，一人得道，鸡犬升天。湘潭周家在左宗棠最落魄的时候给予过大力帮助，现在要他还"人情"，理所当然。周家后人周佑生、周履祥来江西楚军行营求官，周佑生还附带了妻兄刘顺东。

左宗棠对岳父家心存感恩，所以有心栽培周家后人，对他们用心考察。但军营不是乐园，生活困苦，训练极苦，刘顺东适应不了，不到一个月，得了重病。左宗棠给他一些银子，遣回湖南。

周佑生则不嫌苦，跑到乐平前线去视察。

左宗棠考察一段时间后，有点担心地对孝威说：此人没有什么大志，倒有些不良爱好，特别是来江西后，丢掉了在家时养成的忠厚、认真的好习惯，喜欢在军营里高谈阔论，我看他在这里恐怕要流于庸碌，我要对不起你外婆家了。周履祥这人的缺点是什么呢？我说不上来。他固然没有什么大过大错，但也没有什么优点，到军营后没有一点儿长进。现在他可以依靠我混过一阵，但人哪里能混一辈子呢？将来难免仍要回老家，到时恐怕连当农民都做不好，你说这事情可怎么办呢？你绝对

220

不能将他们两个作为榜样，老老实实在家读好书才是正道。

随着官品越升越高，亲戚、故旧、同乡、同年陆续找上门来，左宗棠不得不分心照顾。后人树荫乘凉的想法和苗头，让左宗棠加紧对儿子们进行教育与引导，引导他们明白世事之艰，成事之难。

同治三年（1864年）农历十月二十九，针对孝威跟他母亲谈论自己"闽事当易了办"，左宗棠不无忧虑地说：唉，你只看到我这几年连打胜仗，以为容易，却不知道我背后下了多少功夫，你是站着说话不腰疼。《书经》上说：事前考虑得周全细致，做起来才相对容易。古人办大事都格外小心，即使成功了，也不敢夸海口。你现在少年意气，我不怪你，但你"视天下无难事"，这个想法很危险，我不得不指出来。你现在将一切都看得简单，等长大后出来办事，面对一团乱麻的具体事情，厘不清，解不开，一再无成，茫然自失，到那时再后悔就晚了。

左宗棠觉得有必要将自己多年来遭遇挫折的心路当作经验告诉儿子，让他提前掂出轻重。他说：古来功名振世的人，都在早年吃尽苦头，碰尽钉子，被社会反复锤打，练达了人情，洞明了世事；晚年得到办事权，才取得大成功。人不要想着"早慧"。"早慧"是骂人的话，早成即早毁。人见过少年老成，谁见过少年大成？万事万物都遵循着自然规律：天道不经过翕聚，便不能发舒；人事不经过历练，也不能通晓。《孟子》中有一章叫"孤臣孽子"，说的就是这个道理，人要得大成，要牢记6个字"操心危、虑患深"。

同治四年（1865年）正月初一，左宗棠已经获封一等恪靖伯，妻儿都有奖赏。左宗棠想到，4个儿子还小，此时获得家族历代未有的奖赏，不但会形成一切得来容易的错觉，还会对父亲产生依赖。这绝对不是小问题。

他当即写信回家，告诫儿子们：福泽不会长久，人只能自立自强。你们因为我，已经成了"世家子弟"，社会从此对你们多了吹捧。但你们心里应该明白，自己学业未成，能力暂时还跟不上，多听坏话没害处，若一味听好话，容易滋生"矜夸之气""纨绔之习"。此时，尤其要警惕，不要应了流俗，落入"富贵陷阱"。

进入晚年后，左宗棠开始考虑身后安排。如何让儿子们也像自己一样，做个"模范父亲"？左宗棠用心规划设置。

二、后事安排以"中庸"为标准，不多积遗产，
逼迫儿子们"勤俭持家，享下等福"

光绪二年（1876年）农历五月初六，此时的左宗棠已年过花甲。带着沉重心事，他开始回顾一生，安排后事。

他跟3个儿子说：我们湘阴左家，世世代代家境清贫，历史清白，祖辈积德累善，之前虽然没有大富大贵，但生活自得其乐，这是我们家族的幸运。这些年来，虽然我多次告诫你们，

不要有做"官二代、富二代"的想法（"沾染世宦积习"），但家里还是出现了一个不正常的现象——家庭开支日增，呈现不能抑制的势头。这是衰亡前兆。我老实告诉你们，我的养廉银不是用来养家的，我随便得很，只要发现手头有余钱，随手拿起来就送人了。你们赶紧自作打算，自谋安身立命之法，不要想着靠父亲，父亲最靠不住。

光绪四年（1878年）农历十二月十九日，左宗棠对自己死后的遗产分割第一次做出明确安排：从本年度陕甘总督的养廉银中拿出两万两银子，分成四份，每份5000两，分给4个儿子。孝威当时已经病死，其妻贺氏也忧伤而死，此份由孝威长子左念谦继承。其余三份给孝宽、孝勋、孝同。因为兄弟四家人仍在一个大家庭里同吃同住，这份遗产需等左宗棠去世后，四兄弟分家才能兑现。

每家限定5000两银子，左宗棠的用意很明确：儿子如果有本事，凭这点儿钱做本，可以通过自己努力奋斗出来；即使能力有限，难以上进，但只要踏实勤恳，守好"耕读"家风，有了这笔钱垫底，不至于饿肚子。这比起寒门读书人，境况已经好出许多。享下等福而知足、自惜，就不至于因骄奢淫逸而败坏家风，让富贵之家沦落破产。

这不能不说是一种超前的预见与规避。比较贺长龄就一目了然。贺长龄作为左宗棠的亲家（其弟贺熙龄之女嫁左宗棠长子孝威）、老师、朋友，以云贵总督之尊退位，家底不可谓不厚，但他对家族既缺乏左宗棠这种明确的"耕读"定位，家教中亦缺乏这种"惜福保家"的规范与警醒，在他死后不出半个世纪，遗产被后人挥霍殆尽，诗书家风烟消云散。辛亥革命前夕，美国有传教士在长沙一家餐厅点菜吃饭，托盘子给美国人服务的就是贺长龄的一个孙子。富贵之家固已不保，书香之气也未能延续，让人唏嘘叹惋。

左宗棠晚年对儿子越是关切，其要求越是严格。光绪五年（1879年）十二月五日，左孝同根据古制，从长沙赶到肃州大营服侍左宗棠。名义上是服侍，事实上是左宗棠给儿子提供实践锻炼的机会。他规定孝同一家人的生活标准，只能参照长沙住家的规模，不能在军营搞特例，沾染"官场气习、少爷排场"。左宗棠细致到对厨房分工都亲自做了安排：总督署的大厨房，只准改两口灶，一口煮饭，一口熬菜，只能用厨子一人，打杂一人，水火夫一人。

但对于儿女们的人情往来，左宗棠并不主张抠门、小气。他按儒家中庸原则，主张适中。光绪四年农历十二月十九，左宗棠在信中与孝宽、孝勋、孝同商量湖南老家的人情与应酬，写道：人情的总体原则，我的想法是不能太节省，太节省显得小气，但绝对不能铺张奢华，这貌似大方，其实浪费。每次具体拿多少，你们兄弟共同商量，看着办就行了。（人事应酬随宜点缀，太俭不可，过丰又难为继，当共酌之。）

光绪五年正月二十九，左宗棠为断绝儿子们的依赖心理，再次与孝宽、孝勋、孝同明确自己不积遗产。他说："仕宦而但知积金遗子孙，不过供不肖之浪荡，并其同气亦受其累，可胜慨叹。"

左宗棠不积遗产，不是一时头脑发热的偶然想法，而是其积一生阅历与智慧的决定。

左宗棠这个想法最早缘自冯钝吟的一段话："子弟得一文人，不如得一长者；得一贵仕，不如得一良农。"与其盼子孙后代有才华，还不如培养他有品格；与其望子孙后代做高官，不如从小教育他知民间疾苦，先做个实在的普通人。

左宗棠第一次以这一观点教育后人是在咸丰六年（1856年）农历正月二十七。他对侄子左癸叟说：湘阴左家世代寒素，论科名不过是乡下举人，论家产薄田不到一顷，但正是这种处境，子弟都朴素、古拙，跟奢靡、轻薄不沾边，左家靠这点繁衍生息、兴旺起来。现在我们号称名门望族，一些讲究门当户对的官员都过来跟左家子弟攀亲论姻，这不是好兆头。子孙找个普通人家的姑娘，还可以延续寒素家风，培养子女正直、善良的品格，吃苦耐劳的精神；找了名门闺秀，就难以做到了。照现在这个趋势，我看不出几年，祖宗积累的好家风，到你们这一代就要丢干净，养成一些不知哪来的"贵游气习"，脚根站不稳，社会诱惑遍地，要摔跟头的。你们千万不要让我这个预言成为事实啊。

因为左宗棠用心经营，他积累的家风在后世的积极作用越来越明显。

三、后人盛衰不偏重一世一代，而以家书立规，以祖辈世代所累积家风为训，着眼传之百代后人

左宗棠的家教影响与家风熏染，在儿子一代中起的作用事实上并不明显，原因除了古人"儿子必须肖父亲"的观念限制了儿子个人的兴趣与爱好自由，还因从长子6岁起，他已离家在外，单纯言传在"官二代、富二代"的现实面前缺乏说服力。

左宗棠晚年深切地意识到这点，对儿辈不尽如意有所妥协。但他同时也看到了，只要不改家族定位、强化家风熏染，后人一定有再次崛起的时候。

如今，湘阴左氏如左宗棠所规划，后人已历七八代，成员数百。后代严守祖辈家风，过着小康日子。从家族中走出来的人以工程师、医生、教授居多。

第二代的醒目人物是左孝同，他以举人功名署江苏布政使。

第三代如左宗棠所愿，积累家族元气，以居乡秀才为主。其中，左念恒成就较高。

第四代果然赢得人才全盛，其中，左景鉴是全国政协委员，也是重庆医学院教授、重庆医学院第一附属医院院长，左景权是旅法历史学家，左景伊是全国政协委员、北京化工大学教授，左景善、左景成均是工程师。

第五代则全面开花，单是工程师、教授就数以十计，至今

仍有社会影响力的有北京化工大学副校长、教授左禹，中国农工民主党十三届中央副主席、上海市前副市长左焕琛等人。

这一家教的积极作用在孝同身上最先发挥出来。孝同论天资不及孝威，但仅因22岁起，左宗棠带在身边教了一段时间，就凭真本事拼了出来，没靠父亲余荫。

左宗棠"惜福保家"的家教真正对家族发挥强大的影响作用是在家书出版之后。

民国期间，四子孝同步入晚年。他翻读父亲多年书信，对当年那些掏心掏肺、苦口婆心的教导，有了完全不同的体会。他流着热泪，系统整理手头搜集的书信原稿，编成《左文襄公家书》出版，目的是让家人、亲戚内部阅读，以规后人。此书被左氏后人奉为珍宝，家人研究讨论，找出其中警句、箴言作为范本，子孙诵习，身体力行，影响深远。

以三子左孝勋一脉为例，我们可以看得很清楚：他分得5000两白银后，并没有用作"奋斗基金"，而是用它置办了一些房产。他生有二子四女，这本就不多的银两，哪里经得起花？在他为4个女儿置办完嫁妆后，所剩无几。

到其子左念恒（左宗棠孙辈中排行第12位）一代，6个兄弟姐妹，再无家产可资，家族境况与爷爷左宗棠当年寒士情形开始类似。左念恒被逼勤俭读书，一举考取"拔贡"，一个相当于举人的功名。但就在他准备会试前夕，朝廷宣布科举取消。

其后，辛亥革命爆发，功名之路彻底中断。民国废两改元，其姐夫剑臣在浙江省教育厅担任厅长，左念恒应姐夫之邀，在浙江省教育厅里做科长，每月赚得工资100多银元，养家糊口。他工作出色，1925年出任临安县知事。他在仕途一路通畅时，不幸患了伤寒，误服中药致死，享年仅44岁。

左念恒生有八女二子，在他死后，其妻带着子女，靠着田租、房租生活，每年可收租谷200石，租金360银元，合计金额约900银元。可以说，左念恒之子左景清、左景伊与8个女儿的境遇与祖宗左观澜靠教书养活左宗棠兄妹6人时又几乎一样了。

侯门之家第一次回到原点，左宗棠的家教通过家书影响，开始发挥作用。

四世孙辈谨守太爷爷遗教，崇尚俭朴，在清贫中自强崛起。持此信念，仅左念恒一脉的10个子女，就有4人脱颖而出，且在个人领域内均卓有成绩。其中，长子左景清成了作家，次子左景伊成了北京化工大学教授、全国政协委员，七女左景善与小女左景成都成了工程师。

比较左宗棠同时代的人，曾国藩生有二子五女，长子曾纪泽所生三个儿子全部夭折，按照传统说法，只有次子曾纪鸿繁后。

左宗棠四子四女，四个儿子均未断脉，即使28岁便过世的长子孝威，也留有念谦、念恂、念慈三子。

曾氏后人在数量规模与人才规模上，都不及左氏。因近年来《曾国藩家书》被充分挖掘，多渠道立体传播，后世读者有意无意中便忽视了左宗棠。其实，根据相关史料、家谱，细致比对分析两大家族，能收获的启发不少，有兴趣的读者，可以找到此类书籍参考阅读。

至今，湘阴左氏因为左宗棠的精心设计，成功走出"富贵陷阱"，他教子与齐家的成功经验，仍能给我们许多启发。

图书在版编目（CIP）数据

教子也烦恼：左宗棠的23封家书 / 徐志频著. —
成都：天地出版社，2022.8
ISBN 978-7-5455-6792-2

Ⅰ.①教… Ⅱ.①徐… Ⅲ.①左宗棠（1812-1885）
—书信集②家庭道德—中国—清后期 Ⅳ.①K827=52
②B823.1

中国版本图书馆CIP数据核字（2021）第255952号

JIAOZI YE FANNAO:ZUO ZONGTANG DE 23 FENG JIASHU

教子也烦恼：左宗棠的23封家书

出 品 人	陈小雨　杨　政
作　者	徐志频
责任编辑	王继娟
装帧设计	卿　松［八月之光］

出版发行	天地出版社
	（成都市锦江区三色路238号　邮政编码：610023）
	（北京市方庄芳群园3区3号　邮政编码：100078）
网　址	http://www.tiandiph.com
电子邮箱	tianditg@163.com
经　销	新华文轩出版传媒股份有限公司

印　刷	天津融正印刷有限公司
版　次	2022年8月第1版
印　次	2022年8月第1次印刷
开　本	880mm×1230mm　1/32
印　张	7.75
字　数	180千字
定　价	48.00元
书　号	ISBN 978-7-5455-6792-2

从声音到文字，分享人类智慧